Du même auteur

Chez le même éditeur

Le voisin du dessus, *Safed éditions*, 2004

Chez d'autres éditeurs

L'homme du Mossad, *éditions Albatros*, 1987
Le pétrole du Mossad, *éditions Albatros*, 1989
La valse blanche, *éditions Manya*, 1991
La ballade du petit Joseph, *éditions Manya*, 1993
Madame veuve Émilie, *éditions Claire Vigne*, 1995
Un jour pour aimer*, *éditions Laurens*, 1997
Le bon Dieu sans confection, *éditions Le Choucas Noir*, 1998
Only You, *éditions Biblieurope*, 2002

* *Mention spéciale Prix du Livre romantique*

Isbn: 2-914585-52-7

42, rue Monge 75005 Paris

werndorfer@safed-éditions.fr

Ceci est une fiction.

Toute ressemblance avec des personnages existants ou ayant existé est fortuite.

Toute action ressemblant de près ou de loin aux actions décrites dans cette fiction est également fortuite.

Joseph Farnel

Opération David

Le Mossad en Otage

À Samuel mon Père
À Samuel mon Petit-fils

A Max et Maguelone,

Joseph Farnel

Et si la fiction faisait jeu égal avec la réalité ?...

Joseph Farnel

Opération David

Le Mossad en Otage

Safed

gilbert werndorfer

Liste des principaux personnages

Israéliens

Moshé: Chef du groupe ultra-secret apparenté au Mossad
Samuel ou S.Y. : Agent spécial du groupe ultra-secret
Nathan Kaplan: Agent du Mossad
Bacha Kaplan: Son épouse
Dov et Myriam Kaplan: les enfants du couple Kaplan
Aaron Lévy: Premier secrétaire d'ambassade
Zoav Dunkhan: Agent de sécurité de l'ambassade d'Israël de Paris
Herchel Balbin: //
Haïm Elbaum: //
Sylvia: //
Éva: //
Schlomo dit le clodo: Agent du Mossad
Lieutenant Berg: Commandant le peloton des forces spéciales israéliennes

Irakiens

Leïla: Membre important des services secrets irakiens
Oussama Hassan: Chef des services irakiens à Paris
Hocine Yaris: Banquier irakien
Ahmed: Agent de sécurité irakien
Ismaël: //
Oumar: //
Liza: Prostituée

Français

Gilles le Brennec: Agent spécial français de la D.S. T.
Martin: Fonctionnaire français du ministère de la marine

Américains

John Mac Golden: Attaché militaire de l'ambassade des États-Unis à Paris
Peter Faller: Agent de la CIA
Simon: Pilote US

Préface

C'est dans les détours, nécessairement compliqués d'un bon polar que cette "Opération David", que nous entraîne Joseph Farnel sans l'ombre d'une hésitation, avec cette sûreté dans la démarche qui rassure et inquiète à la fois. N'attendez pas de moi que je vous en livre les clés, elles ne vous serviraient de rien, qu'à gâter le plaisir d'une secrète dégustation.

Dans une situation très contemporaine, celle de la deuxième guerre d'Irak, des professionnels s'affrontent sans autre mission que d'apporter à l'imminence de l'embrasement ce petit quelque chose que les historiens plus tard appelleront pudiquement le coup de pouce du destin. On le sait bien aujourd'hui, les guerres les plus totales, les conflits les plus meurtriers, mettant aux prises des centaines de milliers, des millions de combattants, des matériels de plus en plus performants, des armes de plus en plus intelligentes, n'ont pu faire l'économie du sacrifice de ces professionnels, de ces officiers du renseignement – pour ceux qui sont du bon côté – de ces espions – pour ceux qui sont du mauvais – qui en fin de compte, s'estiment aussi loyalement que férocement ils s'affrontent.

Le décor bien planté, les rôles distribués avec cette justesse dans le profil, la vraisemblance dans la situation, qui nous interdisent de perdre le fil du récit. Il s'y ajoute une très bonne connaissance de ce service devenu mythique, le Mossad israélien, le plus connu des services d'un Etat qui a placé au tout premier rang de ses priorités la sauvegarde des institutions et la sécurité de ses citoyens, n'est assurément pas le seul à pouvoir revendiquer l'efficacité dans la prévention et la force de la neutralisation, mais il occupe le haut de l'affiche et ce n'est pas immérité.

Les mérites sont d'ailleurs d'autant plus affirmés que les services des pays adverses ou voisins se sont eux-mêmes fortement professionnalisés et que nous connaissons à présent une conjoncture où les points sont difficiles à marquer. Les intéressés le savent qui ne répugnent nullement à se rencontrer, à "causer", voire à passer des accords d'autant plus efficaces que secrets.

Joseph Farnel, c'est visible, aime ce monde que l'on dit glauque alors que, tout simplement, il est autre. Sans doute réalise-t-il, comme tous les bons auteurs, le fantasme d'une autre vie, celle qu'il eût aimé mener.

En attendant c'est à une histoire haletante à souhait qu'il nous convie à le suivre.

Yves BONNET

Ancien directeur de la DST.

Chapitre I

Kibboutz près de Tel-Aviv le 4 mars 2003

"L'ambassade d'Israël à Paris demande du renfort. J'ai idée qu'ils sont dans la merde. Ton avion décolle de Lod à huit heures quinze. Je t'envoie une voiture pour six heures. Je t'attendrai à l'aéroport avec tes instructions."

Moshé[(1)], comme à son habitude, avait raccroché sans plus d'explication. Samuel regarda le téléphone redevenu muet. Le réveil indiquait trois heures trente. Yaël, sa compagne, dormait à poings fermés, les draps lui couvrant partiellement le visage. Le jeune homme s'assit au bord du lit, étira un énorme bâillement en se frottant la nuque. La veille au kibboutz ils avaient fait la fête et s'étaient couchés très tard.

Sans bruit, il passa dans la salle de bains, se doucha rapidement. Toujours sans bruit il revint dans la chambre. Il y flottait une bonne odeur de café. Sans un mot Yaël lui tendit un bol. Elle avait enfilé un peignoir. Ses longs cheveux couleur de jais tombaient en cascades sur ses épaules. Ses yeux noirs se plissaient, scrutant le visage de Samuel. Il avala une gorgée de café,

1 Chef du groupe ultra secret apparenté au Mossad.

reposa la tasse, finit de s'habiller. Ils n'avaient toujours pas échangé une parole. Elle avait compris qu'il partait. Elle ne lui demanderait pas où, ni pour combien de temps. Il ne le lui dirait pas. C'était convenu depuis toujours. Elle le voyait s'en aller, craignant à chaque fois de ne pas le voir revenir. Pourtant aujourd'hui elle s'inquiétait davantage. La perspective d'une guerre imminente entre les U.S.A et l'Irak était présente dans tous les esprits, Tsahal et la population israélienne étaient sur le qui-vive. Chacune des familles de l'Etat hébreu avait des fils, des filles qui pouvaient être engagés dans ce conflit. Mais tous les ressortissants de ce petit pays en connaissaient le terrible enjeu. Que l'on soit pour ou contre la politique du président des États-Unis ou du Premier ministre israélien, il fallait en finir avec le terrorisme qui effrayait la planète. Que l'on soit pour ou contre cette guerre à venir, le peuple d'Israël voulait vivre en paix, même si pour cela il lui fallait faire la guerre. Bien que ce conflit ne soit pas le sien, il lui fallait se préparer à subir les assauts d'une coalition qui, depuis la naissance de l'Etat, n'avait d'autre visée que sa destruction. Au-delà de ce qui motivait les grandes puissances de ce monde, Israël voulait vivre sans la peur au quotidien des attentats qui assassinaient la fine fleur de sa jeunesse. Lorsque Samuel était là, Yaël redoutait la sonnerie du téléphone. Cette fois-ci elle ne l'avait pas entendue. Seul le bruit de la douche l'avait réveillée. Elle avait tout de suite compris.

Enfin, s'enhardissant, elle rompit le silence.

"– Tu n'as rien à me dire ?

– Non. Une voiture va venir. Je pars. Je ne sais ni pour où, mentit-il, ni pour combien de temps. Ne t'inquiète pas. Tu le sais, je reviens toujours."

Samuel ne cherchait pas à la rassurer. Ce n'était pas la première fois qu'il partait ainsi, précipitamment. Pourtant il savait qu'aujourd'hui, les bruits de guerre aidant, elle redoublerait d'appréhension. Son regard lourd, embrumé de sommeil, semblait se noyer dans un lit de larmes qu'elle avait du mal à contenir. Ses lèvres tremblaient par saccades. Nue sous son peignoir mal fermé, dont l'échancrure laissait entrevoir sa peau ambrée et révélait ses seins orgueilleux qui frémissaient dans le froid du petit matin. Elle avait croisé ses longues jambes musclées qui ne laissaient pas Samuel indifférent. Il regrettait qu'elle se soit réveillée. Cela rendait la séparation plus difficile. Ils ne se parlaient pas, mais leur silence était éloquent.

Une fois prêt, Samuel attendit l'escorte qui devait l'amener à l'aéroport. Le printemps approchait aussi beau à Tel-Aviv qu'à Paris. Samuel n'ignorait pas qu'il serait immédiatement conduit à l'ambassade. Il portait un blazer bleu marine sur un pantalon de flanelle grise. Chemise blanche, cravate à rayures aux couleurs d'un collège anglais, mocassins noirs *Weston*. Il avait tout d'un universitaire ou d'un jeune cadre. C'était bien cette image qu'il voulait donner, plutôt que celle du meilleur agent secret d'Israël.

Des pneus crissèrent sur le gravier dans la cour principale du kibboutz. Il se leva, se dirigea vers la fenêtre. C'était pour lui. Yaël l'accompagna, versa de l'eau sur le seuil de la porte. C'était une ancienne coutume des juifs séfarades de Tunisie, destinée à le faire revenir en bonne santé dans sa maison.

Chapitre II

La grande horloge du hall marquait huit heures lorsque Samuel retrouva Moshé qui l'attendait dans les bureaux de la police de l'aéroport. Accompagnés d'un officier, ils passèrent à travers le cordon de sécurité pour être conduits à bord du Boeing d'El Al qui n'attendait plus qu'eux pour se diriger vers la piste d'envol.

Mise à part les formules de politesse murmurées du bout des lèvres, ils demeuraient silencieux. Moshé avait les traits tirés d'un homme dont la nuit avait été particulièrement agitée. Ses yeux s'enfonçaient un peu plus que d'habitude dans ses orbites faisant davantage ressortir ses pommettes saillantes. Deux rides profondes s'incrustaient le long de ses joues. À peine l'avion avait-il quitté le sol d'Israël qu'il s'endormit dans la profondeur du fauteuil de première classe. Les yeux fermés, son visage semblait apaisé, seul un léger ronflement cisaillait sa respiration.

Samuel ne pouvait s'empêcher de le regarder avec une respectueuse tendresse. Hors le fait qu'il était aussi son supérieur direct, Moshé était également en quelque sorte le père qu'il n'avait jamais connu. Né dans les eaux de la mer Morte, Samuel avait été remarqué par les services de renseignements de son pays. Son intelligence, ses aptitudes physiques au-dessus de la moyenne avaient été le vecteur de son engagement. C'est au cours d'une brève cérémonie, sur le rocher de Massada, qu'il avait prêté serment d'allégeance à l'Etat hébreu, face à Moshé.

Ce jour-là, impressionné par sa prestation, Moshé l'avait baptisé "S.Y.", inspiré des initiales de son nom : Samuel Yabrorh. Il lui avait dit un jour en souriant que cela pouvait être également les initiales de "Super Yiddish". Samuel n'avait pas oublié. Depuis lors le jeune homme qui avait, avec succès, participé à de nombreuses missions, était devenu la carte maîtresse du groupe que dirigeait Moshé.

Quand l'avion amorça sa descente vers les pistes d'Orly, Moshé sembla ressusciter. Il s'étira, esquissa un sourire, ce qui dans son cas était plutôt rare.

"– J'ai bien dormi. J'avais du sommeil en retard".

Samuel ne broncha pas. Confortablement assis, il attendait. Il ne connaissait de sa nouvelle mission que la destination présente : l'ambassade d'Israël à Paris. Moshé ne l'avait pas réveillé en pleine nuit pour faire du shopping aux Champs Élysées, il fallait, vu l'urgence du départ, que l'affaire fût sérieuse. S.Y. devait patienter, Moshé lui en parlerait quand il l'aurait décidé. Il ferma les yeux, se souvint d'un mois d'avril où, pour la première fois, il était venu dans la capitale française combattre un mouvement néo-nazi qu'il devait démanteler(1). À cette époque il ne connaissait pas la ville dont on lui avait tant parlé. Il n'avait pas été déçu. Elle avait tenu

1 Voir *"l'Homme du Mossad"*, *Editions Albatros*.

toutes ses promesses; peut-être même un peu plus. Aujourd'hui que l'avion d'El Al l'y ramenait, il était heureux à l'idée d'arpenter à nouveau ses rues.

Moshé posa une main sur son avant-bras.

"– Regarde, nous approchons." De fait la terre semblait les aspirer lentement. Sous un ciel complètement dégagé, les deux agents de l'Etat hébreu découvraient les couleurs verdoyantes de l'Île de France. Samuel s'était approché du hublot, son visage touchait presque celui de Moshé. "Un secrétaire de l'ambassade d'Israël, sa femme et leurs deux enfants ont été enlevés. Il semblerait qu'ils soient les otages des services secrets irakiens."

S.Y. ne broncha pas. Il attendait que Moshé lui en dise un peu plus. L'avion était encore haut et la visibilité, compte tenu du temps radieux, était excellente. Samuel fixa le clocher d'une église autour de laquelle quelques maisons semblaient s'accrocher. C'était comme une carte postale "vue d'en haut"; un petit village paisible entouré de champs et de bois. Un coin du monde où il devait faire bon vivre. Moshé poursuivit son monologue.

"– Le Mossad nous demande de faire une enquête en parallèle à la leur. Nous n'existons pour personne. Ils attendent beaucoup de notre concours."

Deux bruits sous la carlingue mirent provisoirement fin aux confidences. Le train d'atterrissage s'était mis en place. L'avion perdait de l'altitude. Moshé se cala dans son fauteuil et tout en regardant droit devant lui, il continua son récit.

– Ça s'est passé avant-hier matin, dimanche. La

famille Kaplan au grand complet, chien compris, "joggait" dans le bois de Boulogne. Ils ne sont pas revenus. Il y a eu un coup de fil, donné d'une cabine téléphonique, à l'ambassade: la prise d'otages était consommée.

– Le chien?

– Je ne sais pas. D'ailleurs je ne sais rien d'autre.

Le signal "Fasten seat-belt" venait de s'allumer. Moshé s'enfonça nerveusement dans son fauteuil.

– Je n'ai jamais aimé les atterrissages, dit-il.

Samuel sourit, autant à lui-même qu'à l'hôtesse qui venait s'assurer que leurs ceintures de sécurité étaient bien serrées. Elle s'attarda peut-être un peu plus sur ce jeune Israélien aux yeux si bleus.

La même hôtesse vint les chercher lorsque l'appareil se fut immobilisé. Elle les fit sortir en priorité. Un officier des services de sécurité de l'aéroport les prit en charge et les conduisit directement à la douane qu'ils traversèrent sans difficultés. C'est là que Simon, la moustache "british" en bataille, les accueilli. Fidèle du groupe de Moshé, dévoué à Samuel qu'il avait déjà secondé au cours de différentes missions, il les mena jusqu'à une *Saab* noire où une autre surprise attendait S.Y.

Avram était au volant. Petit, des muscles en acier trempé. Un champion de close-combat. Les yeux constamment en mouvement, à l'affût du moindre traquenard. Un homme sûr, qui, comme Simon, avait déjà participé à plusieurs missions. Moshé savait que ce trio était redoutable.

Ce mardi 4 mars, à onze heures du matin, heure de Paris, les quatre agents de Jérusalem s'engouffraient dans la voiture qui allait les mener par l'autoroute du sud, baignée par un soleil printanier, jusqu'à l'ambassade d'Israël à Paris. Lorsqu'ils arrivèrent en ville, des enfants déguisés s'amusaient sur les trottoirs. Ce mardi était le jour du Mardi Gras.

Chapitre III

La circulation était fluide. Une demi-heure plus tard Moshé présentait son laissez-passer au cerbère qui leur ouvrit les portes de l'ambassade. Un secrétaire à la démarche nerveuse les accueillit.

– Chalom. Son excellence vous attend.

Simon s'installa dans le hall tandis que Moshé et Samuel suivaient le fonctionnaire dont la fébrilité augmentait à mesure qu'ils approchaient du bureau de l'ambassadeur. Ils passèrent par un dédale de couloirs truffés de caméras de surveillance, encombrés de porte-flingue figés comme des mannequins, le visage sans expression, mais dont les yeux ne vous quittaient pas un seul instant.

– Excusez-moi de vous faire passer par là. Ce sont les ordres de Son Excellence. "Conduisez-les directement à mon bureau, a-t-il dit, en évitant qu'on puisse les voir". C'est ce que je fais.

Enfin ils pénétrèrent dans un petit salon encombré de fauteuils de cuir. Le secrétaire les laissa attendre seuls. Sur une petite table ronde, traînaient quelques revues d'Israël. Sur les murs, il y avait des photos des différents présidents de l'Etat hébreu. La plus grande représentait Ben Gourion auréolé de sa crinière blanche. Une bibliothèque basse, au dessus un miroir complétait l'ameublement. Samuel s'approcha du miroir et lui décocha un sourire destiné aux occupants du bureau contigu. Il soupçonnait cette glace d'être truquée et s'amusait de ce gadget éventé depuis belle lurette. Nul doute qu'en cherchant bien il découvrirait des micros cachés.

Moshé s'assit lourdement dans un fauteuil en poussant un soupir de soulagement. Ils étaient arrivés au terme de leur voyage, les choses sérieuses allaient pouvoir commencer. De sa poche il sortit un de ses éternels cigares au parfum aigrelet. Il joua quelques instants avec la bague en papier, alluma son briquet, puis le referma d'un claquement sec et rangea son cigarillo. Il fumerait plus tard.

Samuel s'installa confortablement près de lui. Son œil exercé passa l'antichambre au peigne fin. Puis souriant à Moshé :

– Il y a ici tellement de micros et de caméras que j'ai l'impression d'être une superstar d'Hollywood en plein tournage. Tu devrais sourire, si un producteur passe par là, tu as une chance de décrocher un premier rôle.

Moshé esquissa une grimace. C'est tout ce que Samuel obtint comme réponse. La porte, à cet instant, s'ouvrit. Le secrétaire, toujours aussi nerveux, leur fit signe d'entrer.

Derrière un bureau de style indéterminé sur lequel il n'y avait aucun dossier, seulement la traditionnelle panoplie du sous-main et de ses accessoires, se tenait un homme d'allure athlétique. Il s'avança vers eux la main tendue.

– *Ani same'ah lir'otkhz otra.*(1)

1 En hébreu : Je suis content de vous voir.

– Je vous présente mes respects, répondit Moshé. Comme vous le savez, nous arrivons directement d'Orly. Mes instructions sont précises : mettre mon groupe à votre disposition pour une affaire ponctuelle. Nous sommes là.

L'ambassadeur avait repris place derrière son bureau. D'un geste, il invita les deux hommes à s'asseoir. Imperturbable, Moshé poursuivit :

– Je dois cependant vous avertir que je mènerai l'action comme je l'entends, sans recevoir de vous aucune directive. Je ne rends compte qu'au Premier ministre. Je n'attends de vos services que des informations me permettant d'agir. Vous devez ignorer notre existence, n'en faire état dans aucun rapport, écrit ou verbal. Nous n'existons pas. Vous pouvez toutefois en parler, tout comme nous, avec le Premier ministre, mais uniquement avec lui, en prenant toutes les précautions d'usage. Me suis-je bien fait comprendre ?

La réponse ne se fit pas attendre. L'ambassadeur était d'accord, il avait d'ailleurs, ajouta-t-il, reçu des instructions en ce sens.

– Nous pouvons donc commencer à travailler, reprit sèchement Moshé.

C'est volontairement qu'il avait oublié les formules de politesse Les choses étaient maintenant claires et nettes. Son groupe menait la danse, il en était le chef. Néanmoins, afin de marquer la déférence qu'il devait à la fonction de son interlocuteur, il lui demanda l'autorisation de fumer, ce qui lui fut immédiatement accordé. Le cigarillo vissé à ses lèvres, il joua un instant avec son briquet "tempête". Il prenait le temps. Enfin il l'alluma. Fermant les yeux, il en tira sa première bouffée.

Il attendait cela depuis son arrivée à Paris. Samuel ne quittait pas des yeux l'ambassadeur. La cinquantaine sportive, ce dernier gardait sur le visage le même sourire qu'au début de leur entretien. Seules ses mains qui manipulaient sans cesse le curseur de son stylo Mont Blanc, trahissaient son émotion.

Malgré cette nervosité l'homme était sympathique. Samuel, jusqu'à preuve du contraire, décida de lui accorder sa confiance.

– Bien Monsieur. Pouvez-vous à présent nous raconter cette affaire dans ses moindres détails ?

Les yeux à demi fermés, Moshé s'était exprimé d'une voix monocorde. L'ambassadeur posa son stylo. Son sourire s'effaça.

– Avant-hier matin, comme chaque dimanche, Nathan Kaplan, sa femme et leurs deux enfants sont allés courir dans le Bois de Boulogne. En liaison constante avec l'ambassade, il doit signaler ses absences de son domicile, dire où il va et pour combien de temps. Il doit téléphoner toutes les deux heures.

– Quelle est exactement sa fonction ? questionna Moshé sans enlever son cigare de sa bouche, tout en tapotant la cendre tombée sur le revers de sa veste.

– Deuxième secrétaire, chargé plus spécialement des questions d'intendance. Les véhicules, l'approvisionnement général pour tout ce qui se consomme dans cette maison, etc.…

– D'accord, ça, c'est la partie visible de l'iceberg. Et en réalité ?

– Comme tout le monde. Un peu de sécurité, un peu de renseignement, un peu de…

– Écoutez monsieur, coupa Moshé, nous n'en sortirons

pas si je dois vous tirer les vers du nez à chaque instant. Soyez précis, net, sans oublis volontaires. J'ai une mission et j'irai, mes hommes et moi, jusqu'au bout. Pareil à un bulldozer, je n'épargnerai rien, ni personne. Alors venons-en au fait. Nous n'avons pas de temps à perdre.

L'ambassadeur attrapa de nouveau son stylo. Visiblement agacé, il n'appréciait pas d'avoir été interrompu. Malgré la pression que lui mettait Moshé il prenait le temps. Il dévissa le bouchon de la thermos de café. D'autorité il remplit les tasses, puis tranquillement il mit un sucre dans la sienne et à l'aide de sa cuillère, remua consciencieusement le liquide. Enfin, le regard fiché dans celui de Moshé il poursuivit.

– Kaplan avait téléphoné à neuf heures cinquante-trois. C'est consigné dans le registre que voilà. [Il désigna un cahier à couverture de toile noire qu'il ouvrit à la bonne page, le tendit à Moshé qui s'en empara]. Ainsi qu'il est de règle, il devait appeler aux environs de douze heures. Il ne l'a pas fait. À douze heures cinquante-trois, le service de sécurité a téléphoné chez lui. Sans résultat. Même chose sur son portable et celui de sa femme. Nous avons essayé toutes les cinq minutes pendant près d'une heure. Kaplan est un homme ponctuel. Le service, inquiet, m'a averti. J'ai envoyé immédiatement deux hommes à son domicile.

– L'adresse ?

– 33, rue de Naples. Troisième étage.

Samuel mémorisa l'adresse. Il s'y rendrait après leur entretien.

– Personne, poursuivit l'ambassadeur. Ainsi que vous pouvez l'imaginer nous avons un double des clés. L'appartement était vide. Aucun désordre. Aucune trace de lutte. La cuisine impeccable, les tasses du petit-déjeuner parfaitement rangées dans l'évier, preuve que leur départ n'avait pas été précipité. La vaisselle attendait leur retour. J'ai envoyé les deux hommes faire un tour au Bois de Boulogne. Nous connaissons le circuit de jogging qu'ils préfèrent. Bien sûr, ils peuvent en changer. Il ne s'agissait là que d'une simple précaution avant de s'affoler.

Moshé hochait la tête dans le bon sens. Il était d'accord avec la méthode.

– Bien nous en a pris. À seize heures dix-huit, j'ai reçu un appel téléphonique de nos deux hommes. C'est inscrit sur le rapport. Attirés par un attroupement, ils se sont approchés et ont découvert au milieu des badauds le cadavre d'un chien égorgé. Il s'agissait du bobtail de Kaplan. Impossible de se tromper, le chien portait un collier orné d'une petite étoile de David. Il a certainement voulu porter secours à son maître et l'a payé de sa vie.

– Où se trouve-t-il ?

– Ramassé par les services de la voirie. Je n'ai pas voulu me manifester afin d'éviter tout recoupement avec l'ambassade. En revanche j'ai immédiatement envoyé un vétérinaire muni d'un document officiel de la ville de Paris examiner la dépouille. Peut-être que l'agresseur avait laissé un message. Rien.

– Qui vous a délivré ce document ?

– Personne. Nous avons une excellente imprimerie au sous-sol.

Moshé grommela de satisfaction tout en enjoignant à l'ambassadeur de poursuivre. Mais auparavant il lui rappela qu'il ne lui avait pas tout dit concernant les fonctions exactes de Kaplan.

– Vous l'avez certainement compris. Kaplan dirige les services de renseignements de l'ambassade. Il ne reçoit ses instructions que de Jérusalem. Sa fonction ici est de façade.

– En somme, c'est un homme du Mossad.

– Oui, répondit l'ambassadeur du bout des lèvres.

– Bon, maintenant nous connaissons nos partenaires dans cette partie. Je vous rappelle que chaque détail a son importance. Même insignifiant, il faut tout me dire. Alors, après avoir été voir le chien, qu'ont fait vos hommes.

– Ils sont restés dans le bois à la recherche d'indice mais n'ont rien trouvé. Ils sont revenus ici.

– Après ?

– Nous avons reçu un appel d'une cabine téléphonique située rue du Rocher, dans le huitième arrondissement…

– Tiens, dit Samuel, comme par hasard tout près de la rue de Naples.

– Une voix de femme, poursuivit l'ambassadeur sans tenir compte de l'interruption. Nous y sommes allés, toujours pour ne rien laisser au hasard. Rien, bien entendu.

– Que disait ce message ?

– Le texte est dans le rapport secret. Je vous le lis mot pour mot ; "Nathan Kaplan, sa femme, leurs deux enfants sont entre nos mains. Nous ne les rendrons qu'à la suite d'une déclaration officielle de l'Etat d'Israël condamnant la menace de guerre des Américains contre l'Irak. Nous exigeons de vous le secret le plus absolu. Rien ne doit filtrer si vous ne voulez pas que nous éliminions les otages. Nous vous contacterons plus tard". Elle a raccroché aussitôt. Nous ne savons pas qui elle est.

– Vous avez conservé la bande audio? Demanda Samuel.

– Oui.

– Je souhaiterais l'écouter.

L'ambassadeur s'exécuta. La voix de la femme était éraillée mais parfaitement distincte. Elle s'exprimait dans un français correct avec un accent moyen-oriental. Calmement mais fermement, comme si la passion la tenaillait, elle détachait les syllabes les unes des autres, donnant ainsi à sa voix un son métallique. Les mots cinglaient comme autant de coups de fouet. Elle raccrocha brusquement. Le silence se fit glacial. Se levant à demi, Moshé s'empara du texte, le relit, puis le passa à Samuel.

– Je connais cette voix, dit ce dernier, mais je ne parviens pas à y mettre un visage. Il faut envoyer une copie de cette cassette à Tel-Aviv pour la faire authentifier.

– C'est fait, rétorqua l'ambassadeur.

– Bien. Faites-moi savoir le résultat très vite. Parlez-nous un peu plus de Kaplan. Je voudrais son dossier.

Le diplomate se dirigea vers un coffre caché par un tableau, fit fonctionner le code, revint avec le document. Samuel le parcourut rapidement. Kaplan avait des états de service remarquables. Né en 1950, il avait participé à toutes les guerres de l'Etat hébreu. Blessé en 1967 au Sinaï, pendant la Guerre des Six Jours, cet officier des transmissions avait été cité à plusieurs reprises pour hauts faits d'armes. Si ce dossier pouvait sembler exceptionnel, il ressemblait néanmoins aux milliers d'autres qui faisaient état du courage et de l'abnégation des jeunes Israéliens dans la défense de leur patrie. Les rapports des autorités militaires ne signalaient rien d'autre que la liste, impressionnante, des actions auxquelles Kaplan avait participé. Il était signalé comme étant un homme calme, pondéré, travailleur, ayant le sens du devoir aussi bien dans sa fonction qu'à l'égard de sa famille. Bref, un homme sans histoires. Un homme passe-partout, ce qu'affectionnent particulier les services secrets des différents pays et tout particulièrement le Mossad.

– Qu'avez-vous sur sa femme ?

– C'est dans le dossier.

De nationalité française, sa famille, originaire de Pologne, avait rejoint Israël en 1958. Elle n'avait alors que deux ans. Après avoir terminé ses études de médecine, elle avait fait l'armée dans le corps médical. Elle aussi avait participé à toutes les guerres de son pays. Depuis son arrivée à Paris elle ne travaillait plus mais consacrait son temps libre à œuvrer au sein d'organisations humanitaires juives. Rien dans ce dossier qui puisse donner une quelconque indication sur les ravisseurs. Il y avait une photo en couleur. La femme était jolie, rousse aux yeux verts. Elle se prénommait Bacha. Concernant les deux enfants, rien de particulier. L'aîné, Dov, avait douze ans, la fillette, Myriam, huit ans. Ils étaient en bonne santé. Samuel referma le dossier. L'ambassadeur le rangea dans sa chemise et en boucla la sangle. Il avait l'air épuisé. Il était plus que probable que le poids de cette affaire l'avait tenu éveillé une partie de la nuit.

– Savez-vous comment ils étaient habillés au moment de l'enlèvement ?

– Non, pas vraiment. Nous supposons qu'ils étaient en jogging bleu foncé et en baskets. C'est leur tenue habituelle, que d'ailleurs nous n'avons pas trouvée dans leurs armoires.

L'enquête, au point mort à présent, avait été bien menée. Désormais il fallait attendre un autre appel des ravisseurs.

– Qui est au courant de l'affaire ? Demanda Moshé.

Ils furent interrompus par l'arrivée du secrétaire, toujours aussi nerveux, qui apportait une cafetière bouillante. Curieux, pensa Samuel, personne ne le lui avait demandé. L'homme déposa le plateau dans le silence. Ses yeux, sans cesse agités, allaient de l'un à l'autre.

– Qui est au courant ? répéta Moshé lorsque le secrétaire fut sorti.

– Dieu merci, peu de monde.

– Bien. Mais encore.

– Trois membres de la sécurité, dont les deux qui ont enquêté, plus mon secrétaire.

– Qui est le troisième ?

– Herschel Balbin.

– Où est-il ?

– En Israël, avec la bande-son. Pour plus de sécurité, nous avons préféré la remettre en main propre au labo qui va l'examiner.

– Bien, répéta Moshé. Le gouvernement français ?

– Pas encore.

– Pourquoi ?

– J'attends les instructions du cabinet du Premier

ministre. – Il fit une pause –. Aussi sur les conseils du Mossad. Il sera toujours temps de les mettre au courant lorsque nous aurons plus d'informations.

Samuel s'extirpa de son fauteuil, fit quelques pas en direction de la fenêtre. Se retournant, il demanda une copie du dossier.

– Je l'avais préparé.

S.Y. le parcourut rapidement. Tout y était: photos, rapports, etc. Il le plia en deux dans le sens de la longueur, l'enfouit dans la poche intérieure de son blazer. Un rapide coup d'œil à sa montre, un autre vers Moshé. Celui-ci se leva, écrasa son cigare dans le cendrier en cristal qui trônait sur le bureau, tout en fixant l'ambassadeur. Ils n'apprendraient rien d'autre. En fait le diplomate s'était borné à relater les événements dans leur chronologie. Autant dire peu de chose. Alors qu'il était sur le point de partir, Samuel se ravisa.

– Pouvez-vous me faire une photocopie du dossier de vos trois agents de sécurité impliqués ?

– Tout de suite ?

– Oui. Profitez-en pour y ajouter celui de votre secrétaire.

– Ce sera plus long.

– Non. Tout de suite, insista fermement Moshé.

Ils étaient debout, ils se rassirent, indiquant par là leur détermination à obtenir les documents sur le champ. L'ambassadeur poussa un soupir, fit une autre tentative.

– Je réponds entièrement d'eux.

La phrase se heurta au mutisme des deux taupes israéliennes. Le haut fonctionnaire brancha l'interphone pour appeler son secrétaire.

– Non, dit Samuel, faites les copies vous-même. Ici, dans ce bureau, ajouta-t-il en désignant le photocopieur.

– On ne donne pas à photocopier son dossier à la personne concernée, renchérit Moshé.

Le haut fonctionnaire s'exécuta. Le travail terminé, Samuel prit les feuillets sans les lire.

– Merci. Il est temps pour nous de partir.

– Attendez, dit l'ambassadeur. Donnez-moi le nom de votre hôtel. Pour le cas où j'aurais besoin de vous joindre.

– Souvenez-vous, Monsieur, nous n'existons pas. C'est nous qui vous contacterons. Voici un numéro de portable. Uniquement en cas d'extrême urgence. Nos appareils sont munis de système de brouillage, mais je préfère qu'on les utilise le moins souvent possible.

– Mon secrétaire va vous conduire jusqu'à la sortie. Par une autre voie.

– Non. Excusez-moi encore de vous contrarier. Vous nous accompagnez. Nous ne faisons confiance à personne.

L'homme se raidit sous l'injonction. Il appuya sur un bouton caché sous le bureau. Un pan de la bibliothèque murale s'ouvrit, dégageant l'entrée d'un long couloir. Avant de quitter la pièce, Samuel se retourna.

– Le chien, comment s'appelait-il ?

– Ukraine, je crois, répondit l'ambassadeur interloqué, c'est une femelle.

Ils arrivèrent à un escalier en colimaçon, gravirent cinq étages, suivirent un couloir sous véranda en vitres blindées qui longeait un mur aveugle dans lequel étaient incrustées des caméras protégées par des grillages. Une véritable forteresse. Enfin ils s'arrêtèrent devant une porte blindée commandée par une serrure électronique. L'ambassadeur pianota le code, puis posa sa main sur une plaque de verre pour une reconnaissance de ses empreintes. La voie était libre.

– Vous pouvez y aller. Descendez jusqu'au rez-de-chaussée. Vos amis vous attendent dans la rue.

Il referma sans attendre de réponse.

Ils ne rencontrèrent personne dans l'escalier de cet immeuble bourgeois. Le concierge, devant sa loge, les regarda passer. C'était un drôle de petit bonhomme, tout tordu, bossu, le sosie de Quasimodo, un œil démesurément plus grand que l'autre. Sa bouche, quasiment édentée, tentait d'esquisser un sourire. Il était laid. Il aurait dû faire peur, pourtant S.Y. ne put s'empêcher de lui témoigner sa sympathie en lui souriant à son tour. Ce gnome lui en rappelait d'autres, qu'il avait rencontrés sous d'autres latitudes, spécialement lorsqu'il était en mission. Tandis qu'il se dirigeait vers la sortie, Samuel se retourna. De sa démarche instable, le nain avançait vers lui. Samuel fit demi-tour et voulut s'approcher de lui. Celui-ci s'arrêta net. Dans un équilibre défiant toutes les lois de la gravitation, il bifurqua sur sa droite et disparut derrière une porte.

S.Y. voulut en avoir le cœur net. La porte donnait sur une cour. Il n'y avait personne. Le nain avait disparu…

– Que fais-tu Samuel ? Où étais-tu ? demanda Moshé.

– Rien. Je marchais derrière un souvenir.

Chapitre IV

En les voyant arriver, Simon fit signe à Avram d'avancer la *Saab* noire.

– Conduis-nous chez Martha, dit Moshé. Tu sais où ?

– Oui, répondit Avram. La mercerie dans le Marais qui nous sert de planque.

– C'est ça.

Durant le trajet les quatre hommes demeurèrent silencieux. Samuel lisait les dossiers que lui avait remis l'ambassadeur. Il ne trouva rien de particulier dans les notes concernant les deux agents de la sécurité : officiers dans l'armée, des états de service au-dessus de tout soupçon.

Zoav Dunkhan, célibataire, quarante-huit ans. Né un an avant le conflit de Suez à Tel-Aviv, de parents originaires de Constantine en Algérie, blessé pendant la guerre du "Kippour". Il avait quitté l'armée pour rejoindre les services de sécurité du corps diplomatique. En clair, il appartenait désormais au Mossad.

Haïm Elbaum, vingt-huit ans. Avait fait son "retour" à huit ans. Ses parents, fils et fille de déportés morts à Auschwitz, vivaient jusqu'à lors à Paris. En 1984, il y a bientôt vingt ans, ils avaient décidé d'aller s'installer en Israël, espérant y trouver la paix du cœur. Capitaine d'une unité spéciale de Tsahal, il avait été détaché pour servir à la sécurité de l'ambassade d'Israël à Paris.

Satisfait, Samuel savait pouvoir compter sur ces deux hommes. En revanche, il manquait le dossier concernant Herschel Balbin et cet oubli, probablement volontaire l'embarrassait. Pourquoi ? Il questionnerait l'ambassadeur à ce sujet. La lecture du rapport sur Aaron Lévy, le secrétaire de l'ambassadeur, le surprit quelque peu. L'état-civil était complet. Cinquante-deux ans, veuf depuis près de trois ans, deux enfants qui vivaient à Tel-Aviv. Les dates importantes, les diplômes universitaires, les affectations militaires, la routine. Depuis la mort de sa femme, il ne s'entendait plus avec ses deux filles qui lui reprochaient de ne pas s'être suffisamment occupé de leur mère. Le rapport mentionnait qu'il avait suivi une analyse. Qu'il avait frisé l'alcoolisme. Suivaient quelques indications concernant ses centres d'intérêt. Samuel fronça les sourcils en lisant qu'il fréquentait assidûment les salles de jeux et les prostituées. Compte tenu de ses brillants états de service, il n'avait pas été mis à l'écart. S.Y. pensa que ce ne devait pas être l'unique raison, que le rapport ne disait pas tout et certainement pas l'essentiel.

S.Y. déchira le dossier en de multiples confettis qu'il jeta par la fenêtre de la voiture comme le Petit Poucet jetait ses petites pierres blanches, puis il s'assoupit quelques instants. Il n'ouvrit les yeux qu'au moment où la voiture s'arrêtait devant une boutique de mercerie, "Au Bouton Chic", située dans le haut de la rue Vieille du Temple, à deux pas du Marais. Comme si elle n'avait pas voulu vieillir, la devanture semblait jaillir des années cinquante, dont elle en conservait le charme.

Samuel écrivit un nom sur une feuille de son carnet, qu'il détacha. Il la tendit à Simon.

– Tu ne le lâches pas. Je veux tout savoir sur lui. Où il mange, qui il voit, où il baise et avec qui, quelles sont ses fréquentations, ses habitudes. Tout, la totale. Tu ne dors que lorsqu'il dort. Il me faut un rapport toutes les deux heures.

Après l'avoir lu, Simon brûla le papier. Le nom d'Aaron Lévy fut réduit en cendres qui s'éparpillèrent dans l'air parisien. Il allait devenir l'ombre du secrétaire nerveux.

– Et moi ? Questionna Avram.

– Tu restes dans le quartier. Tu attends qu'on te fasse signe. Ne t'inquiète pas, ce ne sera pas long.

Moshé et Samuel poussèrent la porte de la boutique, faisant tintinnabuler les vieux grelots. Il n'y avait personne. D'ailleurs qui pouvait avoir envie de franchir la porte de ce magasin d'un autre temps ? Des boîtes bien rangées s'empilaient sur des étagères de bois ciré, comme l'étaient le comptoir et le parquet recouvert d'un tapis usé jusqu'à la corde. Au fond trônait une caisse haute en chêne clair dont le dessus s'agrémentait d'un grillage qui en faisait le tour. Rien d'autre sur le plateau, qu'un petit pot de géraniums. Pouvait-on rêver d'un endroit plus discret pour abriter l'antenne parisienne du groupe de Moshé ? Le pot de fleurs n'était pas là seulement pour donner une note de fraîcheur. Il servait aussi à savoir si la voie était libre. Si ce n'était pas le cas, il était posé sur le comptoir, visible ainsi de l'extérieur.

De la porte du fond, près de la caisse, arriva une

vieille dame aux cheveux blancs relevés en chignon. Une large robe de jersey gris cachait sa corpulence. Elle devait avoir quatre-vingts ans. Coquette, elle avait épinglé sur sa poitrine une broche dont les pierres multicolores représentaient un bouquet de fleurs. Elle avait autour du cou une fine chaînette avec une discrète étoile de David en or. Ni bague, ni bracelet. Une odeur de savon parfumé l'accompagnait et, pour tout maquillage, un soupçon de rouge à lèvres. À peine ridée, ses yeux s'éclairèrent en accueillant ses visiteurs. Vive, alerte, elle plaqua deux gros baisers sur les joues de Samuel en le serrant tendrement dans ses bras. Pour une rare fois le visage de Moshé s'éclaira d'un franc sourire. Il était heureux de revoir cette femme dont il connaissait le douloureux passé tatoué à l'encre indélébile sur le bras. Martha faisait partie des trop rares survivants des camps d'extermination. À sa libération elle était restée pendant de nombreux mois entre la vie et la mort. Une fois rétablie, elle avait consacré sa vie au combat pour l'existence et la survie du nouvel Etat juif. Orpheline, sa seule famille était Israël.

Après avoir posé la pancarte "fermé", donné un tour de clef, déplacé le pot de géraniums, elle invita ses visiteurs à la suivre dans l'arrière-boutique.

– Avez-vous déjeuné ?

Samuel regarda sa montre. Trois heures. Ils n'avaient rien pris depuis le petit plateau servi dans l'avion.

– Je vais vous préparer quelque chose. Allez dans ma chambre si vous avez à discuter. Je vous préviendrai lorsque ce sera prêt.

Moshé s'installa dans une bergère en tissu fleuri. Samuel squatta le lit recouvert de la même étoffe.

– Qu'en penses-tu ? demanda Moshé.

– Je ne sais pas. L'ambassadeur ne nous a pas tout dit. Et ce qui manque doit être très important.

– Que veux-tu dire ?

– Que je ne crois pas à la demande des Irakiens.

– Pourtant, tout comme moi, tu as entendu la bande.

– Oui. Mais je ne peux pas croire à cette exigence ridicule. De plus, ils connaissent parfaitement la position d'Israël face au chantage sous toutes ses formes.

– Ce qui veut dire ?

– Qu'un train peut en cacher un autre. Dans le cas présent une demande peut en cacher une autre.

– Qui serait ?

– Je l'ignore. Pour l'instant, nous n'avons aucun élément susceptible de nous mettre sur la voie. En revanche, je trouve qu'il s'est écoulé beaucoup de temps entre l'appel des ravisseurs et le départ d'Herschel Balbin pour Tel-Aviv. De plus, l'omission de son dossier dans les documents remis par l'ambassadeur me laisse une curieuse impression de vide volontaire.

– Et tu en conclus ?

– Qu'il y a eu un autre appel au cours duquel les véritables demandes ont été formulées.

– Pourquoi deux appels? Un seul eût été suffisant. D'autant plus que nos services alertés par le premier coup de téléphone, aurait pu facilement localisé le second et peut-être se rendre sur place pour cueillir le téléphoniste.

– Ils ont pris le risque. Auparavant ils voulaient connaître la réaction de l'ambassade, qui a été positive.

Le gouvernement français n'ayant pas été informé de la situation, les Irakiens ont eu confiance. Je dois reconnaître que l'ambassadeur a bien réagi. Quant à Balbin, je suis persuadé qu'il est parti avec les deux bandes et que c'est pour ça que nous n'avons pas son dossier. Pour que nous ne le pistions pas tant qu'il est en Israël.

– En somme, ils se méfient également de nous.

– Non, ils sont prudents. Nous ne saurons rien avant son retour. C'est dommage, nous perdons du temps.

– Allons voir l'ambassadeur, dit Moshé brusquement.

– Ça ne servirait à rien. Il ne nous parlera de cette deuxième bande qu'avec l'accord du Premier ministre. De plus, si nous ne voulons pas être repérés, nous ne devons plus nous pointer là-bas. Les Irakiens ont certainement des hommes à eux dans le périmètre de l'ambassade avec des appareils photo. Attends…

Samuel composa un numéro sur son portable et obtint la communication rapidement.

– Monsieur l'ambassadeur, vous avez certainement une équipe de surveillance autour du bâtiment.

– Oui.

– Pouvez-vous me préparer la liste des voitures considérées comme suspectes : numéro minéralogique, nom des propriétaires. S'il s'agit de voitures volées, n'intervenez pas, je vous appellerai pour savoir. Merci.

S.Y. raccrocha. Moshé alluma un cigarillo.

– Que proposes-tu ? dit ce dernier.

– *Wait and see*. A moins que…

– À moins que quoi ?

– Que tu appelles, toi, le Premier ministre. Tu as son numéro prioritaire.

– Je ne peux le faire qu'en cas d'urgence.

– À toi de décider. Je te rappelle qu'il s'agit de la vie ou de la mort de la famille Kaplan.

Moshé allait répondre lorsqu'il fut interrompu par Martha qui, après avoir frappé à la porte, entra pour leur annoncer que le repas était prêt.

– Moshé, dit-elle en faisant mine d'être courroucée, on ne fume pas dans ma chambre. Surtout tes affreux cigares.

– Va, dit ce dernier à Samuel en attrapant son portable. Je te rejoins.

Samuel avait déjà bien entamé son plat de pâtes accompagné de boulettes de viandes quand Moshé vint le rejoindre. Rien sur son visage ne transpirait de la conversation téléphonique qu'il venait d'avoir. Il se mit à table, prit un gros cornichon au sel qu'il sectionna d'un coup de dents. Samuel ne posa pas de question. Les deux hommes mangèrent de bon appétit. Lorsque Martha se retira dans sa cuisine pour leur confectionner un *boubélé* (1), Moshé murmura.

– Le Premier ministre souhaite que nous attendions le retour d'Herschel Balbin, dans la soirée, avant de bouger. Tu avais raison, il y a bien eu deux messages. J'ignore tout de la teneur du deuxième. Il n'a rien dit à ce sujet. Je dois le rappeler après avoir vu Balbin.

– Si tu es d'accord, répondit Samuel, je lance quand

1 gâteau de farine de pain azyme.

même la machine. D'ailleurs c'est déjà parti. Il y a des otages qui risquent leur vie et, de plus, des enfants sont impliqués. On n'a pas le droit de perdre une minute si on veut les revoir vivants. Même si le gouvernement cédait, les Irakiens ne s'embarrasseraient pas de témoins.

Moshé se renfrogna. Il ne pouvait pas donner son accord sans désobéir aux ordres reçus. Cependant il partageait la crainte de Samuel.

– Nous ne recevrons nos instructions que ce soir, en attendant tu as tout l'après-midi libre. Tu en fais ce que tu veux. Mange ton gâteau. Il est excellent, ajouta-t-il à l'intention de Martha.

Muni du blanc-seing virtuel que Moshé venait moralement de lui signer, Samuel prit la clef que Martha lui tendait. Elle ouvrait la porte d'un studio situé dans la rue Charlot.

– Moi je reste ici, décréta Moshé. Tu pourras me joindre à tout instant. Si je bouge, tu le sauras. Peut-être as-tu besoin de matériel ? Quoique, actuellement, avec le plan Vigipirate, il faut être très prudent. Imagine un peu si tu étais arrêté avec de l'artillerie. On ne pourrait rien pour toi. On ne te connaît pas. – S'adressant à Martha –. Qu'y a-t-il comme gadgets dans ton arsenal privé ?

– Ça n'a pas changé. C'est sous la table. Finissez d'abord le gâteau, dit-elle en leur servant une nouvelle part.

– Tu nous gaves comme une Mama juive.

– C'est ce que je suis. Surtout pour toi, Samuel. Avec tes yeux si bleus, si beaux, tu es le fils que j'aurais voulu avoir, dit-elle en essuyant furtivement une larme.

La table débarrassée, ils la déplacèrent. Ils soulevèrent le tapis pour découvrir une trappe qui menait au sous-sol. Bien que petite, la cave était aussi bien achalandée qu'une armurerie destinée à équiper un peloton militaire. Samuel ôta sa ceinture pour la remplacer par une autre, dont la boucle plus épaisse pouvait libérer, à la demande, un jet de gaz lacrymogène. Il troqua sa *Rolex* contre un chronomètre de la même marque qui, enclenché, donnait sa position. Il retira la puce de son téléphone portable pour l'installer dans un autre appareil sur le côté duquel, sur une simple pression, jaillissait une lame de dix centimètres. Il hésita sur le choix d'une arme de poing. En temps ordinaire, il aurait préféré un gros calibre. Aujourd'hui où les contrôles étaient fréquents, il prit un petit modèle, pas plus large qu'une tranche de pain. Il en fit jouer le mécanisme. Une merveille de technicité façonnée à la main dans les ateliers secrets d'Israël. Des papiers plus vrais que vrais l'attendaient. Les photos étaient récentes. Il s'appelait désormais André Bounaix, natif de Brive-La-Gaillarde en Corrèze. Représentant de commerce en lingerie féminine, il emportait avec lui une mallette d'échantillons de petites culottes et de soutiens gorge en tout genre. Il en admira quelques-uns. Tout compte fait, son nouveau métier n'était pas fait pour lui déplaire. Cependant le trésor n'était pas dans la dentelle. La mallette avait un double fond difficilement décelable. Une fois ouverte, elle se convertissait en boîte à outils miniaturisés. En prime, un pain de plastic, un cordon et une pochette d'allumettes plates pour le cas où l'utilisateur ne serait pas un fumeur. La cerise sur le gâteau était un pistolet d'assaut ultraléger accompagné de son indispensable silencieux.

Moshé lui remit une liasse de billets de banque. Samuel était fin prêt. Il prit congé. Muni de sa mallette, vêtu de son blazer bleu marine, il se fondait dans la foule, invisible pour tous, sauf peut-être pour les quelques Parisiennes qui ne manqueraient pas de remarquer ce bel Israélien au teint bronzé, aux yeux aussi bleus que le ciel de son pays.

Pour le plaisir il traversa le Marais, qui depuis sa dernière visite à Paris avait beaucoup changé. Il passa devant Avram installé à la terrasse d'un café. Les deux hommes se virent. Ils n'échangèrent aucun signe, ils ne se connaissaient pas. Samuel poursuivit son chemin. Pour se faire à nouveau plaisir, il emprunta la rue des Rosiers. Malgré certains magasins luxueux, l'atmosphère était restée la même. Les épiciers ashkénazes avaient fait de la place aux pâtisseries séfarades et, comme au pays, s'étaient ouvertes des échoppes où l'on servait des falafels.

Il prit la direction de l'Hôtel de Ville. Là, le métro l'emmena jusque la gare Saint-Lazare. Il remonta la rue du Rocher jusqu'à l'intersection avec la rue de Naples qu'il prit sur la gauche pour passer devant le numéro 33. Il ne s'arrêta pas mais son regard enregistrait tout ce qu'il voyait et fouillait toutes les voitures en stationnement, particulièrement celles qui étaient occupées. Il notait dans sa mémoire, entraînée pour cela, les camionnettes de livraison susceptibles d'abriter des guetteurs. Il ne doutait pas un seul instant que les Irakiens s'imaginaient bien que l'ambassade enverrait du monde dans le quartier pour essayer de glaner quelques renseignements. Samuel n'ignorait pas qu'il ne pourrait repasser devant le 33 sans se faire repérer. Aussi décida-t-il de pousser jusqu'au Parc Monceau. Là il prit un taxi et demanda au chauffeur de le conduire aux Champs-Élysées en passant par la rue de Naples.

– Ce n'est pas le chemin.

– Ça ne fait rien, passez-y quand même et surtout ne ralentissez pas quand vous serez dans cette rue.

Le chauffeur haussa les épaules et embraya. Il devait avoir à faire, pensait-il, à un cocu qui surveillait sa femme. Rue de Naples, rien ne semblait avoir bougé. Les camionnettes étaient toujours là. Arrivé aux Champs-Élysées, Samuel emprunta un autre taxi et refit le chemin à l'envers. Il ne restait que trois fourgonnettes : celle d'un plombier, une autre blanche sans inscription et celle d'un traiteur du quartier. Rapidement il nota les numéros d'immatriculation. Il descendit du taxi à l'angle du boulevard Malesherbes. Il alla à pied jusqu'au Parc Monceau et s'installa sur un banc libre. Il faisait beau. Les enfants jouaient autour de lui. Il appela Moshé, lui donna les numéros qu'il avait notés. Quelques instants plus tard, Moshé l'informait que la camionnette blanche figurait dans le registre des véhicules volés.

– Volée il y a trois jours à un marchand forain de Levallois. Que vas-tu faire ?

– Rien pour le moment. Il faut installer une surveillance. Je prends Avram avec moi. Tu n'y vois pas d'objection ?

– Non.

– Merci. Puis se ravisant, il ajouta :

– Attends, Moshé. Peux-tu lancer une enquête sur le propriétaire de la camionnette ?

– C'est déjà en route. Je t'appelle dès qu'il y a du nouveau.

Moshé raccrocha. Samuel appela Avram. Il lui donna rendez-vous une heure plus tard à l'intérieur de la brasserie "Dôme de Villiers", à l'angle de l'avenue du même nom et de la rue Lévis. D'un pas de promeneur, sa mallette à la main, il marcha en direction du café. Il s'installa à la terrasse, désireux de profiter des derniers rayons du soleil encore chaud à cette heure. Il commanda une bière. À côté, une jeune et jolie femme s'attabla à son tour. Elle le regarda, lui fit un sourire et se plongea dans la lecture d'un livre. Elle avait à ses pieds un petit chien blanc avec seulement une grosse tache noire sur son œil droit. Celui-ci vint se frotter contre les jambes de Samuel qui le caressa. La jeune femme en s'excusant, tira le chien vers elle.

– Ne vous inquiétez pas, Madame, j'aime les animaux et votre chien doit le sentir. En revanche, ajouta-t-il, j'aimerais bien savoir quel est l'imbécile qui lui a ainsi fait un œil au beurre noir.

– Moi, dit-elle en riant.

S.Y. la regarda. Elle était vraiment très jolie. Brune, les cheveux coupés à la garçonne, légèrement ondulants. Des yeux noirs qui se plissaient lorsqu'elle souriait. Son air juvénile lui venait d'une multitude de taches de rousseur sur le nez. Elle était bronzée, et pas seulement sur le visage à en juger par le décolleté qui laissait entrevoir la naissance d'une poitrine prometteuse.

– C'est en restant ainsi au soleil de Paris que vous avez bronzé de la sorte ?

– Non. Je reviens d'Eilat, dans le sud d'Israël. Vous connaissez ?

– Non. Je n'y suis jamais allé, mentit Samuel.

– C'est un beau pays. Vous devriez le visiter. Et vous, d'où vient votre bronzage ?

– De Brive. En Corrèze. Enfin pas vraiment. D'un petit village tout à côté.

– Que faites-vous là-bas ?

– J'y vis lorsque je ne suis pas en voyage. Je suis dans les affaires. Voici mon bureau, ajouta-t-il en désignant sa mallette. Jamais je ne m'en sépare.

– Vous venez souvent à Paris ?

– Ça m'arrive. Malheureusement je n'y ai pas d'amis. Alors je ne reste que pour mes affaires et je rentre dans ma province. Je m'appelle André.

– Moi, c'est Liza, avec un z.

– Vous habitez le quartier ?

– Oui. À deux pas. Rue de Naples.

Cette rue est en passe de devenir la rue la plus peuplée de Paris, pensa Samuel.

– J'ai une idée. J'ai un rendez-vous dans quelques minutes. Malheureusement il est trop tard pour que je le décommande. Je vous invite à dîner ce soir dans le restaurant de votre choix. Ne dites pas non. Vous ne pouvez refuser votre compagnie à un pauvre provincial qui s'ennuie tout seul dans la capitale.

– D'accord, répondit-elle après un moment d'hésitation. Prenez mon numéro de portable et appelez-moi dès que vous serez libre.

Samuel se leva. Il venait de voir Avram entrer dans le café. Comme s'ils étaient de vieux copains, il embrassa Liza sur les joues, s'excusa, entra à son tour dans le café.

Avant de pousser la porte il se retourna, lui fit un signe de la main. Elle le lui rendit par son plus joli sourire.

Avram était installé dans le fond de la salle vide. Au moment où il prenait place face à lui, la sonnerie du mobile de Samuel retentit. C'était Simon.

– Ton homme vient de quitter l'ambassade. Il marche en direction du Rond-point des Champs-Élysées. Il n'a pas l'air d'être pressé. Attends, il vient d'être accosté par un homme. Il lui serre la main. Je les prends en photo. Ils sont souriants tous les deux. L'homme lui donne une légère tape dans le dos. Il s'en va. Rien d'autre à signaler. Je te rappelle vers vingt et une heures. Salut.

Il raccrocha. Samuel regarda sa montre. Il était près de dix-neuf heures. Avram n'avait pas bronché. Il attendait. Rapidement S.Y. le tint au courant de la situation.

– Il faut organiser une surveillance devant le domicile des Kaplan. Mais attention, il risque d'y avoir déjà du monde. Un, l'ambassade, sans nous le dire, a probablement organisé quelque chose. Ce qui serait normal. Ce qui ne l'est pas, c'est qu'ils ne nous aient rien dit. Deux, il y a une camionnette blanche qui n'a pas bougé de l'après-midi. J'ai comme l'impression qu'elle sert de planque aux ravisseurs. On ne peut rien faire tant que l'on n'a pas localisé l'endroit où ils détiennent les Kaplan. Elle a été volée à un forain. J'attends des infos à ce sujet. Tu peux passer à pied devant l'immeuble, mais une seule fois. Ne va surtout pas te faire repérer. Avec ta voiture, une fois seulement aussi. Ils doivent tout noter. Ils sont certainement très méfiants. Fais vite et surtout prépare-toi à filer la camionnette si elle devait bouger. J'en doute, mais on ne sait jamais. Avram, pour le moment c'est le seul contact qu'on ait avec les ravisseurs. Moi, je suis peut-être grillé. [Il pensait à Liza. Samuel n'était pas un novice. Tout ce qui est accidentel peut-être provoqué. C'était son credo.] Je suis déjà passé une fois à pied et deux fois dans un taxi différent. Je ne peux plus, pour le moment, me pointer là-bas. C'est toi qui tiens le fil. Fais attention qu'il ne t'échappe pas. Tu as des questions ?

– Comment je fais pour te joindre ?

– C'est moi qui t'appelle. Toi tu ne le fais qu'en cas d'urgence. Coupe la sonnerie de ton portable et mets-toi sur vibreur.

Avram se leva et prit congé. Samuel composa le numéro de Moshé.

– J'allais t'appeler, lui dit celui-ci. Rien de spécial concernant le propriétaire de la camionnette volée. C'est un français bon teint. Pas de casier. Le vol a été régulièrement déclaré à son assurance. Heureusement pour lui, le véhicule était vide.

– Bon, on laisse tomber cette piste. J'espère seulement qu'un flic plus malin que les autres ne s'avisera pas de le contrôler. Je garde Avram avec moi. Je suppose qu'il aura besoin de renfort pour la surveillance rue de Naples. Peux-tu te mettre en contact avec lui pour connaître ses besoins ?

– Oui. Autre chose ?

– Rien de suspect autour de l'ambassade ?

– Rien encore. Mais je suis certain qu'on va trouver. Balbin n'est toujours pas revenu d'Israël. Aux dernières nouvelles, il ne devrait arriver que demain matin.

Je suis certain que c'est faux et qu'il sera là dans la nuit, tout comme je suis certain qu'on ne nous dit pas toute la vérité. Le poisson doit être très gros pour que les autorités prennent tant de précautions. Que vas-tu faire maintenant ?

– Je suis sur une piste, répondit Samuel en pensant à Liza.

– Blonde ou brune ?

– Tu veux parler de la bière ?

– D'après toi ? Tu vois autre chose ?

– Tu devrais avoir honte de penser ce que tu penses.

– Je te connais. Laisse tout de même ton téléphone branché. Bonne nuit.

Samuel composa le numéro de Liza. Il était plus de vingt heures.

– Je pensais que vous m'aviez oubliée. Où êtes-vous ?

– Toujours au même café.

– Que voulez-vous faire ?

– Je meurs de faim. Je dînerais volontiers d'un bon gros steak.

– J'ai l'adresse qu'il vous faut. Prenez un verre en m'attendant, je suis là dans dix minutes.

S.Y. se leva en la regardant traverser la place Villiers. Elle portait un tailleur saharienne en coton kaki qui rehaussait son teint hâlé. Elle se déplaçait avec la grâce d'un félin. Pour découvrir Paris, Samuel n'aurait pu rêver de guide plus jolie.

– Où allons-nous ? S'enquit Samuel.

– Au Bistrot d'à Côté. C'est le nom du restaurant. Vous vouliez un steak, nous aurons une superbe côte de bœuf. Ça vous va ?

– Pour moi c'est OK. Nous prenons un taxi, je n'ai pas de voiture.

– Inutile, c'est tout près d'ici. Avenue de Villiers

Cela arrangeait bien les affaires du jeune homme. Il ne souhaitait pas quitter le quartier. Tout en s'excusant, il passa rapidement un coup de fil à Simon. Celui-ci avait du nouveau. Samuel lui dit qu'ils en reparleraient demain quand il lui présenterait la collection de lingerie. Il ajouta qu'il était inutile de se rappeler ce soir puisqu'ils avaient rendez-vous. Simon raccrocha. Si Samuel savait qu'il plaisait aux femmes, il savait aussi qu'il avait peut-être été dragué pour autre chose que sa séduction. Il voulait en avoir le cœur net, d'autant que la jeune femme était jolie et que l'enquête à son sujet ne manquait pas de charme. La soirée était fraîche, ils choisirent une table à l'intérieur. La viande était succulente, le vin contribua à délier les langues. Liza se raconta, elle était d'humeur joyeuse. Son nez se fronçait lorsqu'elle riait. Certes le bordeaux n'était pas étranger à la lueur espiègle qui éclairait son visage, mais il était évident que la séduction de Samuel y était pour beaucoup. À un moment, elle lui prit la main, il y déposa un baiser. Ses doigts jouèrent avec ceux de Samuel. L'homme la troublait. Leurs visages se rapprochèrent. C'est tout naturellement qu'elle lui proposa de prendre un verre chez elle. Ils marchèrent en se tenant par la taille. Ils arrivèrent rue de Naples. Il l'enlaça. Tandis qu'il l'embrassait, du regard il inspectait les voitures. La camionnette blanche était toujours là. Samuel reconnut la *Saab* d'Avram. Il n'y avait personne à l'intérieur. Liza habitait au 26, un deux pièces spacieux au cinquième étage, en face du 33, ce qui ne manqua pas d'alerter la vigilance du jeune homme. D'accord, quelquefois le hasard fait bien les choses, mais dans ce cas précis, il le faisait peut-être un peu trop bien. Liza alluma, Samuel éteignit. Il l'entraîna près des fenêtres qui donnaient sur la rue et offraient une vue plongeante sur l'appartement des Kaplan. Son téléphone sonna. Par discrétion, Liza se retira dans l'autre pièce.

– Je t'ai vu passer. Inutile de te demander si ça n'est pas trop dur pour toi, dit Avram goguenard.

– Je n'imagine pas que tu m'appelles pour me dire ça. Je ne t'ai pas vu dans la voiture, lui répondit Samuel en chuchotant.

– Je suis habillé tout en noir et j'ai mis du cirage sur mon visage.

– Tu te prends pour Al Johnson. Pourquoi m'appelles-tu ?

– Ça a bougé.

– Quand ?

– Il y a une demi-heure. Un couple est arrivé dans une *Mercedes* noire, immatriculée C.D. La voiture est restée en double file. L'homme est descendu. Il a frappé à la porte arrière du camion qui s'est ouverte immédiatement. Il est entré pour en ressortir quelques secondes plus tard. Mais ce n'était plus le même. Probablement la relève. Celui qui est sorti a pris place au volant de la *Mercedes*. La femme est alors descendue. Elle est montée à son tour dans la fourgonnette. Elle non plus n'est pas restée longtemps, puis elle a rejoint la voiture et ils sont partis. Zoav, qui m'a rejoint, les a pris en filature. Il te contactera. J'ai donné le numéro d'immatriculation à Moshé. Lui aussi te contactera.

– Bon. Comment étaient les hommes ?

– Celui qui est parti est barbu, grand et mince comme une asperge. L'autre est du type pilier de rugby. Il porte une moustache épaisse comme son patron Saddam. Pour moi, ils sont tous les deux Irakiens.

– Et la femme ?

– Taille moyenne, mince, brune. Probablement la petite quarantaine. Je n'ai pas pu la voir distinctement. Elle doit être jolie. En tout cas, il semble que ce soit elle qui commande. – Il resta silencieux un moment et reprit – Qu'est ce que je fais maintenant ?

– Rien, il ne se passera plus rien maintenant. Rentre te coucher et pointe-toi ici demain matin. De bonne heure. *Leïla tov*[1].

Samuel rangea son portable. Quelques coups discrets furent frappés à la porte.

– Je peux ? Liza en passant la tête par l'entrebâillement. Elle tenait à la main un seau à glace. Whisky ou champagne ?

– Whisky, dit-il en s'approchant.

Elle servit et mit un CD en marche. Dean Martin s'extasiait devant "La Chapelle au Clair de Lune", un slow. Il lui retira le verre des mains. Ils dansèrent. Il l'embrassa. Toujours en dansant il se laissa guider jusqu'à la chambre. De nouveau elle alluma la lumière, de nouveau il éteignit. C'est dans la pénombre qu'il la déshabilla. Un à un il lui retira ses vêtements qui glissaient le long de ses longues jambes. Un pâle rayon de lune éclairait sa nudité. Sa peau était mate, son corps ferme. Elle répondait à ses caresses avec passion. Ils

1 Bonne nuit

firent l'amour et s'endormirent dans les bras l'un de l'autre.

Lorsque Samuel se réveilla, il était seul dans le lit. Son premier regard fut pour sa mallette. Elle avait été déplacée. Il l'ouvrit. Le double fond n'avait pas été forcé. Et pour cause, celui-ci étant protégé et réputé inviolable. Si on n'en connaissait pas le code, une sonnerie se déclenchait aussitôt. Il appela Liza. Pas de réponse. Il se leva, fit rapidement le tour de l'appartement. Personne. Une curieuse sensation de vide s'empara de lui, en même temps qu'il avait la confirmation d'être tombé dans un piège. Impression qu'il avait déjà eue la veille. Un rapide coup d'œil dans la rue, la camionnette était toujours là. Rien ne bougeait chez les Kaplan. Il entreprit de visiter les placards de la cuisine. Il y avait de tout, mais ce tout semblait n'avoir jamais servi. La bouteille d'huile d'olive n'était pas ouverte, pas plus que la boîte de sel. Les couverts brillaient comme s'ils étaient neufs. Les bidons de produits d'entretien, sous l'évier, étaient pleins. La veille, Liza lui avait dit n'avoir emménagé que depuis une quinzaine de jours. Ceci pouvait expliquer cela. Quant à la salle de bains, c'est le peu de produits de beauté et de maquillages qui le surprit. Samuel n'ignorait pas, pour l'avoir souvent constaté, qu'une femme telle que Liza ne pouvait se contenter du strict minimum. D'accord pour les produits culinaires, mais en ce qui concernait la cosmétique, le jeune homme pensait qu'aucune femme ne déménagerait sans emporter avec elle toutes ses crèmes, pommades, lotions et le reste. C'était bien la seule chose dont elle ne se séparerait pas. Il en arriva rapidement à la conclusion que ce logement avait été rapidement improvisé et avait dû servir à observer la famille Kaplan avant l'enlèvement, ce qui voulait dire que l'action, elle, n'avait pas été improvisée. Puis il avait dû permettre de contrôler les allées et venues des hommes de l'ambassade. Seulement, lui Samuel avait été le grain de sable qui allait gripper cette machine bien huilée. En fait, il avait été repéré, avait vraisemblablement fait l'objet d'une filature lors de son deuxième passage en taxi. Il avait été suivi du Parc Monceau à la brasserie "Dôme de Villiers" et là, on lui avait mis dans les pattes la belle Liza, chargée de le neutraliser. Puisqu'il était découvert, il pouvait se mettre à la fenêtre. Il prit son téléphone mais, avant de composer le numéro, il alluma la radio, monta le son au maximum. Puis il appela Avram.

– Méfie-toi, je suis grillé mais eux ne savent pas que je le sais. Je vais jouer le jeu et, comme au judo, profiter de la force de mon adversaire.

– J'entends mal, tu ne peux pas baisser le son de France-Info ?

– Non. L'appart doit être truffé de micros. Je n'ai pas encore eu le temps de les débrancher. En fait je ne veux pas le faire. Je préfère qu'ils ne se doutent de rien.

– D'accord. J'attendais ton appel. J'ai un message pour toi. Moshé veut te voir d'urgence où tu sais. Il n'a pas voulu te déranger, dit-il avec un petit rire de connivence.

– OK. Je vais y aller. As-tu des nouvelles de Simon ?

– Il va bien. Moshé t'en parlera.

Chapitre V

Paris le 5 mars 2003.

Les préparatifs d'une guerre américaine contre l'Irak vont bon train.

Le monde est divisé. Certains craignent les troubles qui ne manqueraient pas de secouer les pays frontaliers. D'autres refusent ce qu'ils considèrent être le prétexte pétrolier alors que les États-Unis, touchés par le terrorisme, dénoncent l'Axe du Mal.

Dans le taxi qui le menait au "Bouton Chic" Samuel fit mentalement le point de la situation. Liza était revenue à l'appartement avec des croissants. Ils avaient déjeuné rapidement, Samuel avait invoqué un rendez-vous important pour ses affaires. La jeune femme l'avait bombardé de questions auxquelles il avait répondu évasivement, laissant planer le doute sur ses activités. Ce qui renforçait la conviction de Liza qu'il n'était pas le représentant de commerce qu'il prétendait être. En revanche, il avait joué à la perfection le rôle de l'homme amoureux, désireux de la revoir. Elle était, pour le moment, le seul lien qu'il avait avec ses adversaires. Il avait évité de donner son numéro de portable, mais lui avait promis de la rappeler très vite et de la revoir le soir même. Il n'en était pas à sa première mission dans des conditions analogues. Il était certain de n'avoir commis aucune faute. Cependant, pour qu'il se soit fait repérer aussi vite, il avait fallu que les Irakiens reçoivent un coup de pouce. Il avait pris des risques en passant la nuit chez Liza. Ce matin il n'attendait pas des croissants lorsqu'il s'était retrouvé seul, mais plutôt la visite des sbires de Saddam. C'était comme une partie d'échecs, on avance ses pions ou on les fait reculer, au gré d'une stratégie prévue à l'avance ou tout simplement en fonction de l'improvisation du moment. Samuel avait idée que la tête pensante du réseau adverse avait décidé d'attendre avant d'entamer une guerre ouverte. Il savait que la partie venait seulement de commencer, comme il n'ignorait pas que c'était à lui de jouer. Il demanda à plusieurs reprises au chauffeur de déplacer son rétroviseur de côté. La même Peugeot grise les suivait depuis la rue de Naples. Deux hommes étaient à l'intérieur.

Le taxi venait de passer la Place de la Madeleine et s'engageait sur la place de la Concorde, quand Samuel, prétextant avoir vu un ami, donna l'ordre au chauffeur de prendre la première à droite, l'avenue Gabriel, de passer devant l'ambassade des États-Unis et de s'arrêter un peu plus loin. La voiture suiveuse fit une embardée afin de les éviter. Samuel glissa un billet au chauffeur et descendit rapidement pour se diriger vers le Rond-Point des Champs-Élysées. Un homme brun, qui arborait une grosse moustache noire correspondant à la description qu'en avait faite Avram, descendit de la Peugeot au beau milieu de la circulation, escorté par les klaxons des automobilistes obligés de freiner brutalement. En fait de discrétion, c'était plutôt manqué. S.Y. allongea le pas. Tandis que son poursuivant en faisait autant, il s'installa brusquement sur un banc, si bien que l'homme se trouva sans le vouloir à sa hauteur. Ils se regardèrent. Samuel, souriant benoîtement, lui fit signe de s'asseoir près de lui. L'homme, dont le visage trahissait le mécontentement n'eut d'autre alternative que de continuer son chemin. Il passa devant Samuel, qui n'attendait que cela pour se lever. C'était lui maintenant lui qui filait son poursuivant. En fait ce n'était que le remake de l'arroseur arrosé. L'homme semblait ne pas aimer ça. Il accéléra l'allure, se retournait constamment. Samuel se cacha derrière un arbre. L'homme, se retournant une nouvelle fois et ne le voyant plus, s'arrêta net. Il était perplexe. Plus de suiveur, plus de suivi, la partie allait se terminer sur un match nul. Il fit semblant de repartir, s'arrêta au bout de quelques pas, se retourna. Samuel n'avait pas bougé. L'homme ne savait plus que faire. Il revint sur ses pas, tourna autour des arbres. Samuel tournait dans le même sens. On aurait cru deux gamins jouant à cache-cache. Cela dura quelques minutes. L'homme alluma une cigarette sans quitter des yeux l'endroit où il pensait avoir perdu le contact. Samuel ne bougeait toujours pas. De guerre lasse, l'homme finit par s'en aller. Samuel ne bougea pas, il savait qu'il reviendrait. Il l'attendait. L'homme revint, puis repartit définitivement. Samuel venait de remporter une manche. Ils étaient maintenant à égalité. Il attendit quelques minutes, puis marcha tranquillement jusqu'au marché aux timbres, s'assurant de n'être pas suivi. Il héla un taxi. Le fit s'arrêter au Châtelet où il en prit un autre et se fit conduire jusqu'à Beaubourg, décida de faire le reste du chemin à pieds. Il lui serait plus facile de semer un éventuel pisteur dans les petites rues de ce quartier. Assuré enfin de n'être plus suivi, il fit quand même une halte dans un café et patienta devant un expresso. Il attendit quelques instants et ressortit tranquillement, emprunta la rue Beaubourg jusqu'à la rue du Renard, fit demi-tour et se dirigea enfin vers son but. Tout cela lui avait pris plus d'une heure. Il serait en retard à son rendez-vous, mais il y arriverait sans traîner derrière lui la cavalerie irakienne. Il appela Simon. Celui-ci était posté près de l'ambassade d'Israël, tandis qu'Aaron était à son bureau. Sans attendre son rapport, S.Y. lui demanda de se rendre immédiatement chez Martha. Les taupes israéliennes allaient se réunir afin de confronter toutes leurs informations.

– Attention Simon. Ils sont malins et cherchent à nous contrer pour nous mettre à découvert et devenir ainsi des proies faciles… Si tu crois être filé, ne viens pas. Préviens-nous, c'est tout.

Pendant ce temps, Liza ne chômait pas. Elle se trouvait face à Leïla, la jolie brune qui avait semblé à Avram être la tête pensante du groupe irakien.

– Il n'y a aucun doute. Il cache quelque chose, dit Liza en allumant une cigarette.

– Comment s'appelle-t-il ?

– André Bounaix. Il prétend être dans les affaires et habiter en Corrèze. C'est faux, j'en suis certaine.

– Quel genre d'affaires ? questionna Leïla.

– Lingerie féminine, dit Liza en souriant. J'ai fouillé ses poches tandis qu'il dormait. Rien de ce côté.

– Et dans sa mallette ?
– Une collection de petites culottes.
– Décrivez-le moi.
– Grand, brun, les yeux bleus. Beau, très beau, athlétique. Certainement un peu macho. Les dents éclatantes lorsqu'il sourit. La trentaine. Un séducteur, il le sait. Il est juif.
– Qu'est-ce qui vous fait dire ça ?
– Il est circoncis, dit Liza en regardant son interlocutrice dans les yeux.
– Vous êtes allé jusque-là ?
– On prend plus de mouches avec du miel qu'avec du vinaigre. C'est mon adaptation d'un proverbe français.
– Vous devez le revoir ?
– Il doit me rappeler. Je crois que je lui plais.
– Pourquoi pas vous ?
– Il ne m'a pas donné son numéro.
– Donc il se méfie. S'il vous appelle, donnez-lui rendez-vous chez vous. Dites-lui que vous lui préparez un dîner à deux ensuite appelez-moi à ce numéro – Leïla lui tendit sa carte –. Nous devons l'écarter, je crois que cet homme est dangereux. Vous avez bien travaillé.
– Ça été un plaisir, répondit Liza avec un grand sourire.
– Attention, ne confondez pas le plaisir et le travail.
– Qu'est-ce que je fais maintenant ?
– Rien. Du shopping en attendant ce soir. Tenez, ceci vous aidera à tenir tout l'après-midi. C'est mieux que de tapiner dans les hôtels de luxe, ajouta Leïla en lui tendant une enveloppe bourrée de billets de banque.

– Je ne tapine pas, Madame, j'ai un réseau d'amis.

– Et bien oubliez-les pour le moment. Je vous paie largement pour vous avoir en exclusivité. Je peux avoir besoin de vous à n'importe quel moment. Je vous veux disponible.

Leïla se leva, signifiant que l'entretien était terminé. Elle ne raccompagna pas Liza. Elle n'aimait pas cette fille qui se prostituait pour gagner encore et encore plus d'argent alors que son pays, l'Irak, était en danger. Au moment où Liza allait franchir la porte, Leïla l'apostropha.

– Attention ! Ne faites d'erreur. Vous pourriez le regretter.

Liza se raidit. Déjà elle n'avait pas apprécié d'être traitée de putain même si Leïla n'avait pas employé ce mot et ces menaces alourdissaient encore son ressentiment. Elle n'était pas Irakienne et regrettait de s'être mise dans cette galère. Pour elle, la politique se réduisait à la séduction des hommes contre espèces sonnantes et trébuchantes, c'était son métier. Mais quant à amener un client dans ce qu'elle pensait être un guet-apens, il y avait un pas qu'elle hésitait à franchir. – Nous devons l'écarter, avait dit Leïla. – Comment ? se demandait la jeune femme. Elle n'osait pas envisager la réponse. Certes, elle n'était pas amoureuse de Samuel, mais il était tellement séduisant. Et puis zut, se dit-elle avec un léger regret, ils paient bien, autant en profiter.

Le pot de fleurs était sur le comptoir. Samuel passa devant la mercerie sans s'arrêter. Il appela Moshé pour annoncer sa visite. Il était attendu.

Martha lui ouvrit la porte. Il se glissa rapidement à l'intérieur.

– Il est dans la salle à manger, au fond.

Moshé avait son éternel cigarillo coincé entre ses dents. Il fit un sourire à Samuel sans desserrer sa mâchoire, tout en lui faisant signe de prendre un siège. Ils se regardèrent un moment sans rien dire. On frappa à la porte. C'était Martha.

– Vous attendez encore du monde ?

Moshé interrogea Samuel du regard.

– Oui. Avram et Simon.

– Plus Herschel et Zoav, ce qui fait quatre.

Samuel ne réagit pas.

– Dans ce cas, dit-elle, je vais attendre dans la boutique. Fais-toi un thé, l'eau a bouilli et est encore chaude, ajouta-t-elle en s'éclipsant.

– Qui commence, demanda Moshé, toi ou moi ?

– Comme tu veux. Je préférerais que ce soit toi. J'y verrai plus clair.

– OK. J'ai rencontré, cette nuit, Balbin et l'ambassadeur. Après l'entretien, ainsi qu'il le souhaitait, j'ai appelé le Premier ministre à Jérusalem. Il m'a dicté ses instructions. Avant cela, je dois te dire la teneur réelle des exigences des Irakiens. Tiens-toi bien. Il y a deux cargos français qui croisent dans le Golfe Persique entre l'Arabie Saoudite et l'Iran, à deux jours de Bassora, au sud de l'Irak. Les cargos sont dans les eaux internationales, sous pavillon français. Nous savons qui ils sont et nous ne sommes pas les seuls à le savoir. Les Américains veulent connaître la nature du chargement. Les Français refusent d'obéir aux injonctions américaines, mais ils laissent supposer qu'il s'agit de produits humanitaires, ce que les Américains refusent de croire et, au risque de créer un incident diplomatique au plus haut degré, ils se disent prêts à couler les deux navires. En fait le gouvernement français est propre dans cette affaire, seulement il s'est fait couillonner par des trafiquants d'armes qui ont remplacé la cargaison par du matériel militaire au large du Pakistan. Pour être certains d'être livré, les Irakiens ont payé d'avance, et très cher. D'ailleurs ils sont prêts à payer n'importe quel prix pour en obtenir davantage. Le gouvernement irakien fait pression sur le gouvernement français afin qu'il donne l'ordre aux deux navires de forcer le blocus. Ils sont persuadés que les Américains n'oseront pas couler les navires. Tu me suis ?

– Comme ton ombre.

– Si les Français n'obtempèrent pas, les Irakiens menacent de balancer le morceau à la presse en disant que le marché a été passé régulièrement avec le quai d'Orsay et, la marchandise étant perdue pour eux, ils en exigeront le remboursement. Bluff pour bluff, même si les Français démontrent le contraire, le ver sera dans le fruit et la situation du président français sera intenable face à son opposition. J'imagine les titres à la une de tous les journaux, comme les débats télévisés, où chacun vilipendera la duplicité des représentants de Paris. Tu vois les dégâts d'ici, compte tenu des relations tendues entre Paris et Washington. Non seulement sur le plan national, mais aussi avec les Européens qui suivent la diplomatie française et qui lâcheront Paris à coup sûr.

– Qu'est-ce qu'on vient faire dans cette galère ?

– J'y viens. Bien sûr, le Quai d'Orsay a refusé, il a même exigé que les deux cargos retournent au large du Pakistan, reprennent leur fret initial, pour pouvoir ensuite être visités par les Américains, qui les laisseront passer. Peut-être…

– Je ne comprends toujours pas.

– Malgré la position française face aux menaces de guerre, Saddam joue son va-tout. Il veut la cargaison. Il fera tout pour ça. On ignore de quels types d'armement il s'agit, mais il semble y tenir. Venant du Pakistan, on peut tout supposer, même le pire, et le pire en l'occurrence ce serait une cargaison de missiles portables du type SA-18 ou de son petit frère le SA-17, moins puissant, mais tout aussi dangereux. Ces deux engins sont de fabrication russe. Souviens-toi que c'est avec ce type de missile que les terroristes ont attaqué l'avion d'EL AL un certain mois de novembre, au Kenya. Il est facile à utiliser. Léger, pas encombrant, un seul homme peut le manipuler. Et des comme ça, il y en a des milliers qui cherchent preneur. Alors imagine une armada de kamikazes prêts à mourir pour faire sauter leur pétard face aux forces américaines. Un immense feu d'artifice ! Les Américains ne peuvent pas prendre ce risque. Saddam a menacé le Quai d'Orsay d'une campagne d'attentats en France. Paris a renforcé le plan vigipirate. On sait très bien qu'il est difficile d'arrêter un kamikaze décidé à rejoindre la cohorte des martyrs. Ils sont conditionnés pour ça. Ils ne rêvent que de cela. Ils ne vivent que pour mourir en martyrs.

– On y arrive bien en Israël.

– Oui, mais nous avons toute la population avec

nous. De plus nous arrivons à déjouer des attentats, mais tu sais très bien que malheureusement il y a des terroristes qui arrivent à passer les mailles du filet. Imagine que les Français soient tenus au courant des intentions irakiennes. Tu assisterais non seulement à la plus grande panique de ta vie, mais aussi à une guerre civile entre les communautés. Non, la France n'a pas vraiment le choix. Soit, elle accepte et tu connais les conséquences, soit elle refuse et tu connais également les conséquences. Pour le moment elle essaie de gagner du temps. Les Irakiens ne voient pas cela d'un bon œil. L'enlèvement des Kaplan marque leur détermination et comme un premier signe de représailles face à la possible mauvaise volonté des Français. Ils espèrent ainsi créer un incident diplomatique avec Israël.

– Pourtant ils ont demandé le secret sur cette affaire.

– Ils n'ignorent pas que Jérusalem va contacter. Washington et faire pression pour que Bush laisse passer les bateaux, quitte à ce qu'il les fasse arraisonner dans les eaux territoriales en se servant du blocus. Mais là, ça se saura et les Américains seront accusés d'avoir bloqué consciemment un convoi humanitaire. Alors ils ne bougent pas pour le moment, le temps, ont-ils dit, qu'Israël règle le problème en douceur.

– Et la douceur, c'est nous.

– Nous avons carte blanche pour récupérer les Kaplan et faire faire demi-tour aux cargos.

– Rien que ça.

– Il n'est pas dit que les Américains ne nous donnent pas un petit coup de main.

– Oui, peut-être, répondit évasivement Samuel.

– Toi, tu es ailleurs. Qu'est-ce qui te tracasse ?

– Kaplan et l'ambassadeur et même le Premier ministre.

– Explique-toi.

– J'ai du mal à admettre qu'ils n'étaient pas au courant concernant les cargos. Nous avons des hommes au Pakistan. À moins d'être aveugles, ils n'ont pas pu ne pas être au courant de la substitution du chargement. Quelque part et sans faire de jeu de mots, ils nous mènent en bateau.

Moshé sourit tout en dévisageant Samuel. Il prit le temps de rallumer son cigarillo.

– Je ne t'ai pas dit l'essentiel.

– C'est quoi l'essentiel ?

– Tout ce monde était au courant. Le Premier ministre m'a avoué son inquiétude concernant l'armement qui pourrait bien se retourner contre Israël. Il cherchait un moyen de parer à cette dangereuse situation…

– Quand les Irakiens, coupa Samuel, se sont pris les pieds dans le tapis et ont voulu en faire un peu de trop.

– En quelque sorte. Le résultat c'est que ça va être à nous de jouer. On fait comme si on ne voulait pas de cette mission, mais on fait tout pour la prendre et pour en savoir davantage.

– Qu'est-ce que savait Kaplan ?

– Pas plus que nous maintenant, mais il le savait. Comment les Irakiens ont appris que Kaplan était sur le coup ? Mystère…

– À moins qu'un sous-marin se soit infiltré chez nous. Tu as une idée ?

– Non, aucune pour le moment et toi ?

– Je pense à Aaron, mais c'est un peu trop cousu de

fil blanc. Néanmoins je le garde sous le coude. Pour en revenir à Kaplan, c'est pourquoi ils s'en sont pris à lui, pour le passer à la question. Nous avons intérêt à le libérer rapidement. S'il parle, je ne donne pas cher de certains de nos réseaux et particulièrement de nos hommes au Pakistan.

– D'après ses supérieurs, il n'est pas homme à se mettre à table.

– Seulement il n'est pas seul. Les Irakiens peuvent facilement faire pression. N'oublie pas qu'ils tiennent sa femme et ses enfants.

– Je n'oublie pas.

– Pourquoi ne m'en as-tu parlé plus tôt ?

– Parce que tu ne m'en as pas laissé le temps. J'allais le faire et…

Ils furent interrompus par Avram qui venait d'arriver, suivi de près par Simon et Herschel. Ils prirent place autour de la table. Il ne manquait plus que Zoav. Le temps de se servir un verre de thé, ce dernier arriva en s'excusant de son retard, dû à la crainte d'être filé. Le groupe était au complet, le briefing pouvait commencer. Avec l'assentiment de Moshé, Samuel prit la parole. Il expliqua la situation aux nouveaux arrivants, puis il demanda à Herschel de donner les conclusions des laboratoires de Tel-Aviv concernant les bandes enregistrées.

– Ça n'a pas fait long feu. Il leur a fallu seulement une petite heure, à l'aide d'ordinateurs spécialement programmés. Ils ont une bibliothèque de voix impressionnante. Le plus long a été d'attendre la décision du Premier ministre, que j'ai rencontré.

– Qui est la voix ?

– Leïla. – Sans attendre la question suivante, Herschel poursuivit. – Les services de renseignements m'ont confié son dossier. – Il le donna à Moshé. – Tiens, Samuel. J'en ai pris connaissance cette nuit.

Il y avait une photo. Avram reconnut aussitôt la femme qu'il avait vu monter dans la camionnette stationnée devant l'immeuble des Kaplan. Elle était bien telle qu'il l'avait décrite : brune, grande et très jolie, l'allure sportive, habillée à l'européenne. Un soupçon d'arrogance dans le regard noir. Suivait son état-civil : célibataire, trente-neuf ans, sans enfant. Licence en droit de la faculté de Paris, diplômée de l'université d'Harvard. On ne lui connaissait pas d'aventure sentimentale. Quelques photos la montraient auprès de Saddam Hussein. Dès lors on pouvait supposer qu'elle faisait partie du premier rang auprès du maître de Bagdad. Bien qu'elle fût discrète, elle était intervenue à plusieurs reprises dans les médias locaux et étrangers, à en croire les coupures de presse jointes au dossier, afin de défendre la politique de l'Irak. On ne connaissait pas vraiment ses fonctions, on les considérait comme occultes. D'aucuns prétendaient qu'elle dirigeait les services secrets de son pays, d'autres qu'elle était la conseillère du Raïs en matière de sécurité intérieure, chargée de transmettre, dans les différentes ambassades et représentations à l'étranger, ses instructions personnelles. De près ou de loin les rumeurs à ce sujet semblaient avoir un certain fondement. Une autre rumeur, quasiment incontrôlable, voulait faire croire qu'elle avait, avec lui, des relations plus intimes. On en parlait, on le murmurait. Par prudence on ne citait pas de nom : sous cette dictature, ce genre de confidence aurait pu coûter la vie à celui qui s'y livrait. Les plus hardis l'appelaient entre eux "Sa Dame". Phonétiquement et en français ça pouvait passer, mais c'était déjà prendre un grand risque.

– Voilà, dit Herschel, vous en savez maintenant autant que moi. Que suis-je censé faire maintenant?

– Tu t'intègres dans notre équipe. C'est dangereux et je comprendrais que tu refuses. Tu dois prendre ta décision maintenant. Si tu décides de te retirer, personne ne t'en voudra. En revanche, nous exigerons de toi une totale discrétion.

– Je reste.

Les taupes israéliennes firent silence. Leurs sourires étaient un message de bienvenue adressé à la nouvelle recrue.

– Bon, reprit Samuel et, s'adressant à Avram, où en sommes-nous rue de Naples?

– Je t'ai vu partir ce matin. Avec ta petite mallette tu as vraiment l'air d'un homme d'affaires – Il marqua un temps d'arrêt – Une petite heure plus tard ta copine est sortie. Je ne comprends pas pourquoi c'est toujours toi qui obtiens les meilleurs rôles. – De nouveau il marqua un temps d'arrêt pour observer l'effet de sa remarque. Rien, un flop, les doulos étaient suspendus à ses lèvres, mais uniquement pour obtenir des infos. Il continua donc –. Zoav était revenu de chez "Sa Dame", il l'a prise en filature. Il va tout te dire lui-même. En ce qui me concerne, je n'ai rien vu d'autre de significatif à part la relève des occupants du camion toutes les deux heures. Comme méthode, je trouve cela un peu primaire du point de vue de la discrétion. Je suis persuadé que même les concierges des immeubles voisins ont dû remarquer le manège. À toi, Zoav.

– Sur la demande d'Avram, j'ai suivi la jeune femme. C'est un plaisir de suivre un pareil déhanchement, un vrai régal pour les yeux. Elle a pris un taxi et, tiens-toi bien, m'a conduit au même endroit que la veille, c'est-à-dire chez Leïla.

– Où habite-t-elle ?

– Avenue de Suffren, côté quinzième. Elle en est ressortie trente minutes après. Je ne sais pas pourquoi, mais il me semble qu'elle était en colère. Elle s'est promenée quelques instants au Champ de Mars, histoire peut-être de se calmer. Je ne vous dis pas le nombre de mecs qui se sont retournés sur son passage. Ensuite elle est revenue rue de Naples. Avram m'a convoqué ici. Me voilà.

– Bien, dit Samuel en regardant Moshé.

Celui-ci prit la parole et fit à Zoav la même proposition que celle qu'il avait faite à Herschel. Zoav accepta aussitôt. Le groupe s'était renforcé de deux nouveaux calibres. Les choses sérieuses allaient pouvoir commencer.

– À ton tour, Simon, parle-nous d'Aaron Lévy.

Les nouvelles recrues s'étonnèrent. Herschel demanda s'il s'agissait bien du secrétaire de l'ambassadeur. Simon opina de la tête.

– Je l'ai filé jusqu'au marché aux timbres.– Il marqua un temps d'arrêt pour montrer la photo d'Aaron et de son interlocuteur aux abords de l'ambassade. Zoav reconnut un employé de la chancellerie. Rien d'anormal de ce côté. Simon poursuivit. – Il est entré directement à l'intérieur du Berkeley, un bar chic sur la place. Je ne pouvais pas le suivre sans risquer d'être repéré. Je me suis donc installé à la terrasse, tandis qu'il rejoignait la personne avec qui il avait vraisemblablement rendez-vous. J'ai pu les voir tranquillement grâce à un jeu de miroirs. L'accueil entre les deux hommes a été plutôt froid. La discussion s'est immédiatement engagée et, bien qu'il parlait à voix basse, semblait vive. Aaron manifestait des signes d'inquiétudes. Il était nerveux, regardait dans tous les sens comme si il craignait d'être vu. Il a commandé un verre qu'il n'a pas touché. Son interlocuteur avait le type méditerranéen. Lui aussi était tendu. Je n'ai malheureusement pas pu entendre ce qu'ils se disaient. À un moment Aaron s'est levé, il était blanc de rage. Il est parti précipitamment. L'homme était lui aussi en colère. Sa bouche pincée, son regard mauvais en disaient long sur la tension qu'il y avait eu entre eux. Il a payé et est sorti sans attendre sa monnaie. À ce moment, j'ai eu l'impression qu'il voulait rattraper Aaron. Je l'ai vu hésiter sur le trottoir, passer un coup de fil de son portable et prendre une autre direction. Je n'ai fait ni une ni deux, j'ai choisi de le suivre. Aaron on pouvait toujours le retrouver. J'ai fait le bon choix puisque cet homme m'a directement amené chez notre nouvelle copine, Leïla ou Sa Dame, au choix, avenue de Suffren.

Cette brusque révélation jeta un froid.

– Je ne peux pas le croire, dit Herschel.

– Il ne faut pas en tirer des conclusions hâtives, répondit Samuel. Il y a peut-être une raison à son comportement. Nous finirons bien par le savoir.

– À propos, rétorqua Herschel, l'ambassadeur m'a remis une lettre à ton intention. [Samuel s'en saisit, la décacheta, en retira le dossier d'Herschel Balbin, qu'il parcourut très rapidement. À peu de choses près, les informations le concernant étaient identiques à celles de Zoav et Haïm, à la différence que lui était né en France, à Nancy, en 1970. A dix-huit ans, avec l'accord de ses parents, il était parti en Israël qu'il n'avait jamais quitté depuis, hormis ses missions en dehors des frontières du pays.]

– Tu sais ce que contient ce dossier ?

– Non, mais je crois bien que ça me concerne, répondit Herschel.

– C'est bon, sourit Samuel, revenons à nos affaires. Nous avons une priorité : retirer les Kaplan des griffes irakiennes. On ne sait pas encore où ils sont retenus. En revanche, nous connaissons l'adresse de Leïla. Il ne faut pas la quitter d'une semelle, la coller comme de la glu. Avram, toi tu la connais, tu l'as déjà vue. Tu t'en charges. Prends Zoav avec toi. D'accord ?

– Ok.

– Bien, poursuivit Samuel, maintenant c'est à nous de prendre des initiatives. Pour cela, je vais tenir le rôle de la chèvre.

– Ce qui veut dire ? Questionna Moshé.

– Que les Irakiens semblent persuadés que j'appartiens au Mossad. – En souriant, il ajouta – Ils ne connaissent pas l'existence de notre groupe. Ca veut dire aussi que suite à la visite de Liza chez Sa Dame, qu'en l'occurrence j'appellerais plutôt "Sa Dame de Fer", et au rapport qu'elle a dû faire, ils n'ont plus qu'une seule solution, me mettre hors circuit. C'est d'ailleurs pour ça qu'ils ont investi la rue de Naples. Nous repérer pour nous éliminer. Puisqu'ils savent maintenant qui je suis, il est logique qu'ils commencent par moi. De plus, je me pose la question de savoir si certains d'entre vous ne sont pas déjà dans leur collimateur. Vous devez donc vous méfier. N'oubliez pas qu'il est possible qu'ils aient cherché à nous infiltrer via Aaron. On ne sait pas ce qu'il a pu leur dire, ni s'il a dit quelque chose, nous ne sommes certains de rien. En fait nous naviguons à vue, dans le brouillard, sans voir un petit bout de côte. Ce qui veut également dire que toutes nos actions doivent être protégées par la technique de la file indienne : Par exemple Avram couvert par Zoav, l'un suivant l'autre à distance, prêt à intervenir en cas de nécessité. Par ailleurs, j'estime qu'ils ont été plus malins que nous. Je m'explique. En postant leur camionnette d'une façon aussi visible, sans prendre de précautions particulières, ils nous ont scotchés rue de Naples. Ils n'avaient rien à attendre de ce guet, si ce n'est de nous repérer. Je suis tombé dans le piège. Preuve en est la filature que j'ai pu déjouer. Il ne faut pas les sous-estimer. Ils ont du métier et sont coriaces.

Autour de la table, les mossadiens écoutaient avec attention. Moshé tirait sur son cigarillo sans s'apercevoir qu'il était de nouveau éteint. Samuel poursuivit.

– Cependant ils ont commis plusieurs erreurs. Un, ils se sont également découverts devant nous. Maintenant nous en connaissons plusieurs. Deux, ils nous ont permis de savoir qui se trouve à la tête de leur réseau : "La Dame de Fer". Trois, ils n'ont pas supposé que nous réagirions aussi vite, en mettant rapidement une équipe en place. Quatre, ils se sont servis d'une voiture diplomatique facilement identifiable. Nous savons maintenant qu'elle appartient à l'ambassade du Maroc où ils ont une représentation. Je tiens cette info de Moshé.– Celui-ci opina. – Cinq, ils s'imaginent qu'en nous jetant dans les bras des indices aussi visibles, nous allons tomber dans le panneau, croire que ce sont eux qui détiennent les Kaplan et partir sur une fausse piste. Je suis persuadé qu'il y a une autre équipe, plus secrète celle-là, qui tire toutes les ficelles. C'est ce que nous devons découvrir, et très vite, sous peine de ne libérer que des cadavres. Je vais vous dire comment. En attendant, faites silence, je vais passer un coup de fil.

S.Y. composa le numéro de Liza. Il l'invita à dîner au restaurant, écouta sa réponse, sourit, donna son accord et raccrocha.

– Et voilà, dit-il, c'est enclenché. Elle a préféré un petit dîner à deux chez elle. Ce qui veut dire qu'elle ne sera pas toute seule. Elle me l'a fait comprendre.

– Comment ? Questionna Simon.

– Elle m'a dit qu'étant donné mon appétit elle me ferait une côte de bœuf deux fois plus grosse que celle que j'ai mangée hier soir.

– Et alors, c'est gentil de sa part.

– Oui, c'est vrai. Sauf qu'hier, la côte de bœuf était tellement copieuse que j'en ai laissé un bon morceau. Elle ne peut pas ne pas l'avoir remarqué. J'en déduis donc, malgré la perspective d'un petit dîner aux chandelles, que je ne suis pas le seul à être invité.

– Pourquoi te préviendrait-elle ?

– Je ne sais pas. Probablement une info de mon sixième sens. Elle a le type du sud, mais pas de la Méditerranée, celui de la France du sud-ouest. Son accent ne peut pas me tromper. Je ne sais pas vraiment ce qu'elle vient faire dans cette histoire. C'est sûrement une call-girl à qui on a confié un travail et qui, voyant la tournure que prennent les événements essaie de se couvrir.

– C'est pourtant facile de refuser de continuer, renchérit Simon.

– Crois-tu que les Irakiens la laisseraient décider de ce qu'elle doit accepter ou non ? En fait, elle aussi doit être prise au piège. Je ne serais pas surpris qu'elle agisse maintenant sous la menace, que même sa vie soit en danger. Ils ne sont pas du genre à laisser un témoin de ce type derrière eux. En fait, si cela s'avère exact, voilà une autre erreur de stratégie. Ne jamais employer une pute étrangère. Je pense qu'ils ont dû improviser. A moins que…

– À moins qu'elle ne soit entièrement acquise à la cause irakienne, répondit Simon. Dans ce cas tu risques gros. Que décides-tu ?

– J'y vais, mais pas tout seul. Toi et Herschel m'accompagnerez. Il y a deux hypothèses. Soit ils m'attendent dans l'appartement, soit ils me laissent monter et viennent ensuite sonner à la porte pour me faire ma fête. J'opte pour la première supposition. J'ai rendez-vous à vingt heures trente. Je n'y serai qu'à vingt et une heures, histoire de les faire mariner et peut-être ainsi de les déstabiliser s'ils pensent que je ne viendrai pas. Partez maintenant pour occuper le terrain. Dès que je serai dans le quartier, je prendrai contact avec vous. Vous avez du matériel sur vous ?

Les deux hommes hochèrent la tête en se levant. Martha les accompagna jusqu'à la porte du magasin qu'elle referma derrière eux. Avram et Zoav s'apprêtaient également à partir. Au moment de sortir, Avram se retourna, fixa Samuel dans les yeux.

– Tu sais ce qui t'attend chez la fille. Tu ne crois pas que si je venais t'épauler, je serais plus utile ?

– Ne t'inquiète pas. Nous sommes trois et de plus nous sommes avertis.

– Fais attention tout de même.

Les deux hommes sortirent à leur tour. Il ne restait plus que Samuel et Moshé.

– Dis-moi maintenant la vérité de ce que tu penses, dit ce dernier tout en mâchouillant son bout de cigarillo.

Samuel sourit. Décidément, pensait-il, rien n'échappe à ce diable d'homme.

– Que veux-tu dire ?

– Que tu fais exprès de te tromper de cible. Que cela ne sert à rien d'aller te jeter dans la gueule du loup. Ceux que tu vas affronter ce soir doivent, probablement, ignorer l'endroit où sont cachés les Kaplan. Qu'il y a une autre alternative et que tu lui tournes délibérément le dos. Je ne vois qu'une seule explication à cela.

– C'est-à-dire ?

– Tu veux noyer le poisson. Dans ce cas comment vas-tu faire pour renouer le fil ?

– Ils nous refont le coup des appels téléphoniques. Il y a deux équipes en face de nous. Nous ne savons rien de la deuxième, si ce n'est qu'elle nous mènera directement aux otages. Tu me suis ?

– Continue.

– Ils essaient de nous faire tourner en rond. Ils vont

même tenter de nous éliminer un par un. Pendant ce temps, ils vont négocier par l'intermédiaire de Leïla. Je ne crois pas, malgré ce que l'on sait d'elle, qu'elle ait tous les pouvoirs décisionnels. Je pense qu'elle est coiffée par les services secrets irakiens. Malgré sa position auprès du Raïs, elle est aux ordres.

Samuel sortit son carnet, inscrivit un numéro et le tendit à Moshé.

– C'est le numéro de la 206 grise qui m'a filé. Peut-être nous mènera-t-il à l'homme qu'a rencontré Aaron. Celui-là m'intéresse beaucoup. Renseigne-toi, il me faut d'urgence le nom et l'adresse du propriétaire. J'espère que cette Peugeot n'a pas été volée.

– Un instant, dit Moshé en composant un numéro sur son portable.

– À qui téléphones-tu ?

– À un ami à la préfecture.

Il s'ensuivit une conversation amicale. Moshé écrivit quelques mots et raccrocha.

– C'est une voiture de société. Un restaurant libanais, avenue de Wagram. J'appelle l'ambassade pour en avoir l'organigramme. Il va falloir équiper Martha d'un ordinateur, ce serait plus pratique.

Après un rapide coup d'œil sur sa montre, Samuel se leva.

– Je ne peux pas attendre davantage. Je dois partir. Demande à l'ambassadeur d'envoyer Haïm Elbaum, l'autre agent de sécurité que nous ne connaissons pas encore, au restaurant... Au fait, comment s'appelle-t-il ?

– Le Ciel de Beyrouth.

– Que Haïm y aille dîner. Pas seul, bien entendu,

afin de ne pas attirer l'attention. Qu'il téléphone à Simon pour avoir le signalement de l'homme vu au Berkeley et qu'il essaie de le localiser. Si il y parvient, qu'il lui colle à la peau. Je t'appellerai plus tard.

S.Y. serra la main de Moshé, qui la retint tout en le regardant droit dans les yeux.

– Nous ne sommes là que depuis deux jours. Ça avance bien. C'est le moment d'être très prudent.

– Ne t'inquiète pas. A tout à l'heure.

– Chalom Samuel. Prends bien garde à toi.

Chapitre VI

Il était près de vingt et une heures lorsque Samuel, sa petite mallette de représentant en lingerie fine à la main, descendit du taxi à l'angle de la rue du Rocher et de la place Goubaux. La nuit tardait à venir. Le ciel, encore clair pour la saison, prenait doucement le temps de s'assombrir. Seuls, quelques nuages filandreux pareils à un écheveau de laine, tentaient de s'accrocher aux premières étoiles naissantes. L'air était léger. Ce fut avec détermination qu'il se dirigea vers la rue de Naples. Arrivé à l'angle de la rue, lui qui ne fumait pas sortit une cigarette et prit tout son temps pour l'allumer tandis qu'il inspectait du regard les véhicules en stationnement. La camionnette blanche était toujours là. En revanche il ne pouvait déceler la présence de ses occupants. La fenêtre de Liza, grande ouverte, laissait échapper des lambeaux de musique. Monter directement chez elle s'apparentait au jeu de la roulette russe. Si le percuteur frappait la seule balle en place dans le barillet, Samuel n'ignorait pas que ce serait pour lui. Aucun indice, sauf cette musique qui ne voulait rien dire. Il jeta sa cigarette à peine entamée, prit à nouveau le temps de l'écraser du talon cherchant à gagner un peu de ce temps dont il était si pauvre. Ne pouvant rester davantage dans la rue, au risque d'éveiller des soupçons, il s'approcha du 26, composa le code au moment même où le concierge sortait les poubelles. Samuel le regarda ébahi, c'était le frère jumeau de celui rencontré en sortant de l'ambassade d'Israël, à la différence près qu'il était habillé autrement. Celui-là portait une tunique en lin bistre ceinturée d'une corde de chanvre, rappelant la tenue des temps bibliques. En passant près de lui, le gnome, sans lever la tête, lui murmura "Ils sont deux à vous attendre chez la dame". Samuel se retourna pour aller allumer la minuterie, puis revint sur ses pas pour en savoir davantage. La poubelle était sur le trottoir, le nain avait disparu. Ce n'était pas la première fois qu'il le rencontrait sur son chemin, toujours dans les mêmes circonstances, comme pour l'avertir d'un danger imminent. Souvent il avait songé à ce Quasimodo avec une émotion qu'il ne s'expliquait pas. Un peu, pensait-il, comme une tendresse filiale. De son père qu'il n'avait jamais connu, il ne savait rien. Chaque fois qu'il abordait le sujet avec sa mère, celle-ci gardait un mutisme absolu. Le secret, qu'elle ne voulait pas partager, devait être lourd à porter à en juger par le durcissement de son visage. Il n'en demeurait pas moins que ce gnome apparaissait généralement au moment où sa vie était en danger. Les anges gardiens sont en général beaux et jeunes, le sien était laid et vieux. Son esprit cartésien refusait l'idée d'ange ou d'apparition virtuelle. Il penchait davantage sur l'idée de son fameux sixième sens et sur son instinct qui le prévenait du danger. Samuel haussa les épaules, remettant à plus tard l'explication. Il délaissa l'ascenseur, monta les escaliers sans se presser. Arrivé au deuxième étage, il engagea une balle dans le canon de son revolver et l'enveloppa dans son blazer. La musique se faisait plus distincte. Un discret raclement de gorge le fit sursauter. Plaqué dans l'embrasure d'une porte Simon lui souriait, tout en lui désignant une silhouette penchée sur la rambarde du quatrième étage. Samuel pointa son doigt vers Herschel comme s'il le visait avec un pistolet imaginaire. La présence des deux hommes le rassura. Il entreprit, sur la pointe des pieds, l'ascension du troisième étage. La musique était assourdissante. S.Y. n'aimait pas cela. Ce bruit, il le savait, pouvait servir à en étouffer d'autres. Tous les sens en éveil, il colla son oreille à la porte. Celle-ci s'ouvrit brutalement. Les deux Irakiens, annoncés par le gnome, l'avaient vu arriver par le judas. Ils se ruèrent sur lui. Bien qu'étant sur ses gardes, Samuel fut surpris par la soudaineté de l'attaque. Il s'affaissa sous l'avalanche de coups. Il ne sentait plus rien, il s'était évanoui. Le bruit attira Simon suivit d'Herschel. C'était l'erreur. Les deux Irakiens eurent raison de lui avant qu'Herschel puisse intervenir. Simon à terre, ils se retournèrent contre ce dernier qui dévalait l'escalier revolver au poing. Il tira une première balle qui se logea dans le chambranle de la porte. Un des Irakiens plongea dans ses jambes ainsi que l'aurait fait un rugbyman. La deuxième balle termina sa course dans le plafond tandis qu'il s'effondrait et que sa tête heurta une marche. Il était groggy. Les Irakiens en profitèrent pour le ligoter. Les deux Israéliens ne s'attendaient pas à une réaction aussi rapide et violente. Liza criait sa terreur. Elle fut calmée par une magistrale paire de gifles qui la fit taire aussitôt. Horrifiée, elle regardait les trois hommes ligotés à ses pieds. Samuel était couché face à elle, en chien de fusil. Il avait repris connaissance et parvint, non sans mal, à accrocher le regard de la jeune femme, lui fit un clin d'œil ce qui déclencha un pâle sourire sur son visage dévasté. L'un des hommes de main de Bagdad téléphona en arabe. S.Y. le comprenait. L'homme rendait compte de son action.

– Nous les avons coincés et ligotés. Ils sont trois. Que devons-nous faire ?

– …

– Tous les trois dans la camionnette ? Pour aller où ?

– …

– Bien compris, en bas de chez vous. Et après ?

– …

– Ok. Pour nous, c'est terminé. À qui dois-je remettre les clefs de la voiture ?

– …

– Oui Madame. J'ai le code. Je vous les monte chez vous. Et la fille ?

– …

– D'accord. Dans le même convoi.

– …

– Oui, Madame, j'ai parfaitement compris. Je laisse tout le monde dans la camionnette. Merci du compliment.

Ils attendirent plus d'une heure que la nuit fût bien noire. Bâillonnés, les trois Israéliens se faisaient face. La rage dans les yeux, Simon et Herschel essayaient de se défaire de leurs liens. Seul Samuel semblait paisible. Il avait entendu et compris la conversation téléphonique et savait que, pour le moment, leur vie n'était pas en danger. Eux aussi étaient probablement destinés à servir de monnaie d'échange. D'ici là, la situation pouvait tourner en leur faveur. Il pensait qu'ils les amèneraient directement dans le repaire des Irakiens. Toutefois, il n'espérait pas être incarcéré au même endroit que les Kaplan. Ce serait trop beau, ils ne commettraient pas cette erreur. Un par un ils furent jetés sans ménagement dans la camionnette. À force de mimiques, Samuel fit comprendre à Liza, qui, elle n'était pas attachée, de mettre son blazer. Lorsqu'il la vit monter, poussée elle aussi brutalement, elle avait enfilé sa veste, comme pour se protéger du froid. En prime, elle avait emporté avec elle la mallette d'échantillons du jeune homme. S'il n'avait pas eu les poings liés dans le dos, Samuel l'aurait prise volontiers dans ses bras pour la remercier. Les trois hommes étaient allongés à même le plancher de la voiture. Une fois la porte arrière fermée à clé, les deux Irakiens s'installèrent sur la banquette avant. Le chauffeur conduisait comme s'il disputait le Paris Dakar en prenant soin de n'éviter aucune bosse. Brinquebalée de tous côtés, ne pouvant conserver son équilibre, Liza s'assit près de Samuel. Celui-ci, par clin d'œil et mouvements de la tête, lui fit comprendre de sortir de la poche de son blazer son téléphone portable. Ce qu'elle fit en prenant garde que les hommes de devant ne la surprennent pas. Toujours par clignement d'œil, Samuel lui désigna un bouton qu'elle enfonça. La lame surgit. Il se retourna, elle trancha les liens qui retenaient ses mains. Prestement, il en fit de même pour ses amis. Ils conservèrent la même position, ainsi que leurs bâillons afin de ne pas attirer l'attention des gardes qui se retournaient fréquemment. La camionnette traversait le pont de la Concorde. Il n'y avait pas de circulation. C'était la seule voiture arrêtée au feu rouge, face à la chambre des Députés. Le moment était propice. Samuel se leva d'un bond, suivi de Simon qui assomma l'homme de droite tandis que S.Y. plaquait sa lame sur la gorge du chauffeur. Il enleva son bâillon.

– Tu choisis. Soit, tu nous amènes gentiment devant chez Leïla. Soit, tu refuses et je te fais une cicatrice de deux centimètres de profondeur.

Pour appuyer sa menace, il glissa la lame, côté tranchant, sur le cou du chauffeur. L'estafilade se perla de gouttes de sang.

– Décide-toi vite, je ne suis pas patient.

La sueur coulait le long du visage de l'homme et se mêlait au sang qui traçait sur son cou comme un collier de rubis. Il tremblait. Ses yeux hagards suppliaient. Le voyant hésiter S.Y. lui piqua le dessous du menton avec la pointe du couteau. Là aussi une goutte d'hémoglobine fit son apparition. L'homme hésitait.

– Tu es courageux, lui dit Samuel en appuyant plus profondément, mais ça ne te suffira pas. Je suis décidé à aller jusqu'au bout. C'est à toi de choisir si tu veux vivre vieux ou mourir jeune.

Pendant ce temps, Simon aidé par Herschel, faisait passer l'autre Irakien à l'arrière de la camionnette. Après l'avoir délesté de son arme, il en profita pour reprendre celles qui leur avaient été subtilisées. Une fois l'homme ficelé, Simon vint s'asseoir à l'avant, braqua le chauffeur. Herschel le fouilla, lui ôta son revolver dont il appuya le canon sur sa nuque. Se sachant perdu, l'homme accepta de les conduire chez Leïla. Il n'avait pas d'autre choix. Il n'ignorait pas que sa trahison lui coûterait la vie. Jamais ses amis ne voudraient comprendre quand bien même ils lui laisseraient le temps de s'expliquer. Avec les Israéliens, il avait une chance de sauver sa vie, d'autant que les bruits de bottes d'une guerre entre son pays et les États-Unis s'intensifiaient. Compte tenu des armements en présence, malgré les discours enflammés de Saddam Hussein exagérant son potentiel militaire, ses missiles Al-Samoud étaient aux armes de destructions ce qu'étaient les mousquets aux B.52, et il ne fallait pas être devin pour imaginer le résultat. Sa décision était prise, il collaborerait. Il dirigea la camionnette en direction de l'avenue de Suffren. Samuel donna l'ordre de stopper le véhicule près du Champ de Mars. Il en descendit. Il voulait, malgré l'heure tardive, téléphoner à Moshé. Il hésitait avant d'aller se jeter dans la fosse aux lions. Il avait l'habitude de prendre ses décisions tout seul quand il ne s'agissait que de lui-même. Mais cette fois d'autres que lui dépendaient de ses initiatives. Les Kaplan ne pouvaient être les victimes d'une erreur de choix. Il obtint rapidement son interlocuteur.

– J'attendais ton appel.

Samuel le tint au courant des événements.

– J'ai un doute sur l'opportunité d'aller foutre le bordel chez Leïla. Je crains de me tromper de cible. As-tu des nouvelles concernant Haïm ?

– Non, pas encore. En revanche, je dois t'apprendre qu'Aaron a été tué.

– Où ? Quand ? Comment ?

– Rue de Ponthieu. En fin d'après-midi. Un motard, plutôt deux, sur la même moto. Abattu par deux balles, dont une lui a traversé le cerveau. Du travail de pro.

– D'où tiens-tu tout cela ?

– La police française.

– Maintenant elle est dans le coup ?

– Seulement pour le meurtre d'Aaron.

– Que disent les policiers français ?

– Rien, ils enquêtent. La routine. Je n'ai pas pu, pour le moment, avoir accès aux premiers constats. Nous en saurons davantage demain. En attendant, nous essayons de les brancher sur l'hypothèse d'une action terroriste. J'ai bien peur que cela ne tienne pas longtemps. Il est déjà question au ministère de l'intérieur de nous coller un agent du style James Bond français.

– C'est quoi un James Bond français ?

– Normal. Pas trop beau. Ni grand, ni petit. Moyen. La tête de tout le monde. Tout le contraire de l'anglais. Pugnace jusqu'à en être chiant. Mais bien souvent d'une redoutable efficacité.

– Il va nous mettre des bâtons dans les roues…

– Ou nous ouvrir certaines portes et peut-être nous couvrir en cas de bavure, coupa Moshé.

– Tu vois un rapport avec l'homme qu'Aaron a rencontré au Berkeley ? Celui qui a passé un coup de fil juste après qu'ils se sont séparés.

– Je ne suis pas certain mais cela me semble évident.

– Ce qui veut dire ?

– Qu'il faut privilégier cette piste sans pourtant oublier celle de "Sa Dame".

– D'accord avec toi. Je suis en bas de chez elle, je vais monter la voir.

– Méfie-toi, elle ne doit pas être seule.

– Je sais. Bon qu'est-ce que je fais des deux hommes qui doivent se morfondre dans la camionnette ?

– Tu les fais livrer à la clinique "Bon repos" à Meudon. Je vais prévenir le comité de réception. Ils vont pouvoir prendre des vacances aux frais de la princesse. En revanche, tu ne me parles pas de la fille.

– Je la garde avec moi. Je l'emmènerai dîner demain soir au Ciel de Beyrouth. Peut-être reconnaîtra-t-elle l'homme que nous cherchons.

– Et si c'est elle qui est reconnue ?

– C'est un risque à prendre.

– Méfie-toi de ne pas tomber amoureux.

– T'inquiète, c'est pour la bonne cause. Pour le cas où ça tournerait mal, j'enclenche mon chrono t'indiquant ma position. Je te rappelle dès que l'opération est terminée. En attendant, dors bien.

– Je ne dors pas, répondit Moshé d'une voix bourrue. Il raccrocha.

Samuel réintégra le véhicule. Tout était calme à l'intérieur. Liza, assise sur la banquette, fumait tranquillement. Sans un mot il prit la place du chauffeur et mit en marche. Il trouva un parking provisoire devant un arrêt de bus et coupa le contact.

– Détache-le, dit-il à Simon en désignant l'homme qui avait téléphoné à Leïla. Puis, s'adressant à lui : Nous allons ensemble rapporter les clés de la camionnette. Je te signale qu'à la moindre entourloupe tu es un homme mort. C'est bien compris ?

– Et après ?

– Après, je te mets à l'abri jusqu'à ce que tu sois en sécurité. Ok ?

– Ok.

– Simon tu viens avec moi, et Liza aussi.

– Pourquoi moi ? Je n'ai rien à voir dans votre histoire.

– Parce que j'ai besoin de toi. Ne t'inquiète pas, il ne t'arrivera rien. – S'adressant à Herschel – Toi, tu gardes la voiture. Si tu vois une voiture de flics patrouiller, tire-toi de devant l'arrêt du bus et fais le tour du pâté de maisons. Si la patrouille est partie, reviens te mettre en place, sinon tu refais un tour jusqu'à ce que la voie soit libre. Nous aurons besoin de toi. Inutile de te dire de faire attention à celui-là, ajouta-t-il en désignant le deuxième homme ligoté. Ces petites bêtes ne disent rien, mais elles sont dangereuses.

Samuel ouvrit la mallette de petites culottes, fit sauter le double fond, en sortit un pistolet qu'il chargea jusqu'à la gueule. Vissa le silencieux et referma la mallette, qu'il confia à Liza.

– Tiens, porte-là. Comme ça, tu vois que tu sers à quelque chose, dit-il en lui décochant un sourire ravageur.

Tandis qu'ils descendaient de la voiture, Samuel glissa dans le creux de l'oreille de Simon l'info concernant l'assassinat d'Aaron. Celui-ci ne réagit pas. Seul son regard se fit plus dur. Ainsi, se dit-il, la guerre était officiellement déclarée entre les deux camps. Il pensait, comme Samuel devait le faire, que tous les coups étaient désormais permis. Qu'il n'y avait plus de place pour la mansuétude. C'était eux ou les autres. Le choix était simple, le choix était fait. Samuel regarda autour de lui. Il pensait trouver Avram ou Zoav, chargé de la surveillance du domicile de Sa Dame. En vain. Soudain un léger bruit attira son attention. Avram semblait sortir du tronc d'un arbre. Samuel alla le rejoindre et lui expliqua la situation.

– Elle est là ?

– Elle n'a pas bougé de chez elle.

– Elle est seule ?

– Je l'ignore. Il y a de la lumière. C'est tout ce que je peux te dire.

– Finalement, sourit Samuel, tu es quand même là.

– Oui et je préfère, répondit Avram en lui donnant une tape sur l'épaule.

Zoav était là également. S.Y. leur demanda de couvrir ses arrières et s'avança jusque devant la porte de l'immeuble. Le groupe était au complet. Il fit signe au chauffeur de venir le rejoindre. Celui-ci composa le code sur le clavier. La porte s'ouvrit. Samuel s'engouffra à l'intérieur, entraînant avec lui l'Irakien. Liza et Simon les rejoignirent. Bien que l'ascenseur fût suffisamment vaste pour tout le monde S.Y. privilégia les escaliers afin d'éviter les bruits de la machinerie. Aucun mot ne fut échangé. Le silence était de rigueur. Leïla demeurait au quatrième étage. L'Irakien marchait devant, le canon du revolver de Samuel pointé dans son dos, lui-même suivi de Liza. Simon fermait la marche selon le principe de la file indienne. Avram s'arrêta au troisième étage, Zoav en dernière protection au deuxième.

– Pour ta gouverne, chuchota Samuel à l'oreille de l'Irakien, je te signale que je comprends l'arabe. – Il poursuivit dans cette même langue. – À la moindre erreur de ta part, au moindre faux pas, la première balle sera pour toi. Maintenant je vais sonner, à moins qu'il y ait un signal particulier.

L'homme ayant fait signe que non, Samuel appuya sèchement sur le bouton de sonnette. Aussitôt des pas se firent entendre. Seul était resté devant la porte le chauffeur. Les autres s'étaient postés sur les côtés, à l'abri des regards indiscrets qui auraient pu filtrer à travers le judas. Bien qu'il eût été reconnu, le visiteur dut subir un interrogatoire en arabe.

– Qui est là ? La voix était grave avec un fort accent.

– C'est moi, Ahmed. Je vous apporte les clefs de la camionnette. Elle est stationnée en bas, devant l'arrêt du bus.

– Un instant je vérifie.

On entendit les pas s'éloigner et revenir presque aussitôt.

– Vous êtes seul ?

– Bien sûr. Ismaël est dans la voiture, il surveille les prisonniers.

– Je vous ouvre.

La porte s'entrebâilla bloquée par une chaînette de protection.

– Vous avez fait du bon travail. Donnez-moi les clefs.

– Non. C'est à madame Leïla que je dois les remettre, à personne d'autre. En main propre, m'a-t-elle dit.

– Il est tard, elle dort.

– Réveillez-la. Laissez-moi entrer en attendant. Je suis épuisé. La nuit a été difficile. Je voudrais m'asseoir et boire un verre d'eau.

Après un moment d'hésitation, la porte se referma pour s'ouvrir à nouveau, mais cette fois en grand. Samuel n'attendait que ça pour faire irruption dans l'entrée. Il maîtrisa rapidement son adversaire tandis que Simon déboulait dans le salon à la stupéfaction de Sa Dame et de l'homme qui l'accompagnait. Le tout n'ayant pris que quelques secondes, ils n'avaient pu réagir. Simon les tenait sous la menace de son arme. Bien qu'effrayés, ils gardaient un sang-froid exemplaire. Ils savaient que tant que les otages israéliens étaient entre leurs mains, ils ne risquaient rien. Ahmed fit son entrée dans le salon, le revolver de Samuel toujours pointé dans son dos. Lorsque Liza pénétra à son tour dans le living-room, Leïla changea de visage. Elle l'insulta en arabe. Liza, calmement, feignant de l'ignorer, prit place dans un des vastes fauteuils de cuir blanc et, tout aussi tranquillement, s'alluma une cigarette qu'elle avait retirée du paquet qui traînait sur la table basse.

– Je suis peut-être une pute, mais je choisis mes clients. J'ai soif, dit-elle enfin, en se servant un grand verre d'eau sous le regard courroucé de Sa Dame.

L'homme assis près de cette dernière s'était enfoncé dans son fauteuil. Il était pâle, mais on ne pouvait pas savoir si c'était de peur ou de rage. Il n'empêche que son regard fixé sur Ahmed suggérait plus les fusils d'un peloton d'exécution que le plaisir de retrouver un collègue. Il marmonnait entre ses dents. Soudain, n'y tenant plus, il l'invectiva, lui promettant les pires tortures pour avoir trahi son pays, en lui désignant le portrait de Saddam Hussein qui trônait sur la cheminée dans un cadre doré. Samuel fit un signe à Avram, venu les rejoindre avec Zoav, qui s'approcha de lui et lui balança un aller-retour cinglant qui le fit taire aussitôt en lui arrachant des larmes. Les joues marquées par les doigts puissants d'Avram, l'homme s'enfonça davantage au plus profond de son fauteuil. Il était difficile de lui donner un âge. La cinquantaine, c'était certain, mais la "cinquantaine diplomate", c'est-à-dire travaillée afin de ne pas la laisser paraître. Les cheveux blancs ondulant sur l'arrière, il avait une certaine élégance aussi bien dans son allure que dans sa façon de s'habiller. Il n'avait pas sacrifié à la mode "saddamienne" et ne portait pas de moustache. Samuel n'hésita pas un seul instant, il le considéra immédiatement comme potentiellement dangereux. Il lui fit signe de se lever et d'aller rejoindre Leïla sur le divan. Il fit de même avec Ahmed. Lui-même s'installa dans un fauteuil face à eux. Il attendit calmement que chacun trouve sa place. Zoav fit son entrée, un rouleau de ficelle à la main.

– J'ai tout visité. Un bel appartement. Je n'ai rencontré personne à part le sbire que tu as assommé. Ne t'inquiète pas il est réveillé et bien ligoté. Sinon je vous l'aurais amené, dit-il avec un sourire. Par qui je commence ? Ajouta-t-il en brandissant sa cordelette. S'adressant au quinquagénaire. Vous ! Tournez-vous. Comment vous appelez-vous ?

L'homme ne répondit pas. Il regardait Samuel, qu'il considérait comme le chef de ce commando. Celui-ci ne bougeait toujours pas. Lorsque Avram eut terminé d'attacher les deux hommes, il se tourna vers S.Y. en désignant Sa Dame.

– Madame, dit Samuel, par courtoisie je vous laisse les mains libres. Mais à la moindre tentative, je vous fais ficeler comme un saucisson.

Elle lui répondit par un sourire pincé et se redressa. Elle avait craint de subir le même traitement que ses comparses. Bien qu'il fût deux heures du matin, Samuel ne semblait pas pressé de commencer son interrogatoire. Au contraire, il demanda à Zoav d'aller faire un tour dans le réfrigérateur pour trouver quelque chose à grignoter. Celui-ci revint avec une boîte de caviar, quelques toasts qu'il avait pris le soin de faire griller et une bouteille de champagne.

– Je n'aime pas le caviar, dit Avram.

– Il y a du poulet froid. Ne bouge pas, je te l'apporte.

– S'il y a du vin, je préfère.

– Blanc ou rouge ?

– Rouge.

Les taupes israéliennes se restaurèrent sans vergogne, ignorant la présence de leurs prisonniers. Samuel tartina un toast qu'il proposa à Ahmed.

– Tu en veux ?

– Oui.

– Défais-lui ses liens.

Le quinquagénaire le fusilla du regard. Ahmed ne se troubla pas pour autant. Il avait faim, il avait soif et accepta bien volontiers un morceau de poulet sans tenir compte de la colère qu'il provoquait chez les autres prisonniers. En fait la tension montait et c'est bien ce qu'espérait Samuel. Estimant l'ambiance suffisamment électrique, il donna l'ordre de ligoter de nouveau Ahmed.

– Va chercher l'autre porte-flingue, dit S.Y. à Zoav. Je veux voir tout le monde dans cette pièce.

Il y avait maintenant foule dans le salon. On se serait cru dans le métro un soir de grève, lorsque seulement quelques rames fonctionnent. Samuel se leva, demanda à Simon de le suivre. Ils s'installèrent dans le bureau contigu.

– Fais-les venir un par un. On commence par Ahmed, mais d'abord on fouille.

– On cherche quoi ?

– Je ne sais pas. On cherche. Si tu trouves des micros ou des enregistreurs, tu les débranches. Il doit y avoir un coffre-fort quelque part. Tiens regarde sous la photo murale de Bagdad.

– Bingo. Il est là.

– Classique. On va essayer de l'ouvrir, mais il doit y avoir une autre cachette plus sophistiquée. Ouvre bien les yeux. Je reviens.

C'était le calme absolu dans le salon. Leïla fumait cigarette sur cigarette. Son paquet étant terminé, elle en demanda à Samuel qui lui donna le sien.

– C'est mauvais pour la santé. Vous devriez vous abstenir, vous risquez de mourir jeune. Remarquez que pour cela, si vous n'êtes pas coopérative, je pourrais peut-être vous aider.

De rage, Leïla écrasa sa cigarette à peine consumée.

– C'est bien, se moqua Samuel, vous devenez intelligente. Espérons, pour vous, que vous continuerez de l'être. Pendant que vous y êtes, pourriez-vous me donner la combinaison du coffre ? cela éviterait de l'abîmer en faisant sauter la serrure.

Sa Dame pinça les lèvres et détourna la tête.

– Franchement, c'est idiot. D'une manière ou d'une autre, je vais l'ouvrir. Je vais le faire par acquit de conscience mais je sais que je ne vais rien y trouver d'important. Réfléchissez avant je ne mette votre appartement en friche et dites-moi ou se trouve ce que je cherche. Cela nous fera gagner du temps.

Pas de réponse. Samuel haussa les épaules, s'approcha de Liza qui s'était endormie.

Sans la réveiller, il prit sa mallette, qu'il emporta dans le bureau. Là, il en ouvrit le double fond, retira le plastic qu'il enfonça dans la serrure du coffre, scotcha dessus un coussin pour étouffer le bruit de l'explosion et sortit avec Simon en ayant soin de bien refermer la porte. Puis il actionna le détonateur. Le coussin était déchiqueté, la photo de Bagdad gisait sur le sol parmi les débris de verre et le coffre ouvert. Il attendit un instant que la fumée se dissipe pour en retirer le contenu, qu'il posa sur le bureau. Quelques liasses de billets, en euros, dollars, livres sterling et francs suisses. Samuel ne compta pas, mais il y avait de quoi acheter pas mal de consciences. Des bijoux sans grande valeur. Quelques dossiers que Samuel feuilleta rapidement. Rien d'intéressant. Il fouilla rapidement les tiroirs du bureau. Même résultat.

– Pendant que je continue, va donc chercher un grand sac ou une valise. Nous n'avons pas le temps de tout lire. Moshé s'en chargera.

Simon revint avec deux valises "Vuitton".

– Tu n'as rien trouvé de plus discret ?

Simon haussa les épaules en souriant. Rapidement, ils remplirent les deux bagages de documents. Samuel jeta un regard circulaire autour de lui. Rien d'autre n'attira son attention. Il savait pourtant qu'il y avait une autre cachette. Il pensa, avec ennui, qu'il lui faudrait fouiller le reste de l'appartement. C'était une perte de temps qu'il ne pouvait se permettre tant que les Kaplan étaient séquestrés.

Il y avait des éclats de verre devant le coffre. Par précaution, Simon les poussa, du pied, vers le mur. Il ramassa la photo de Bagdad maintenue dans son cadre par des débris acérés. Attiré par un filet de papier qui dépassait entre la plaque du dessous et la photo elle-même, il retira une feuille sur laquelle figurait une liste de noms suivis de chiffres.

– Rebingo. J'ai la main heureuse aujourd'hui, dit-il en tendant la feuille à Samuel.

Samuel s'en empara prestement, la parcourut tout aussi rapidement.

– Je ne vois pas à quoi cela peut correspondre. C'est codé. Peut-être une liste d'agents, ou simplement les noms des donateurs. En revanche, ce qui me surprend c'est qu'il n'y a pas que des noms arabes. Certains sont à consonance anglo-saxonne, d'autres français. Il faut la faire parvenir d'urgence à Moshé. Je pense que cela pourra servir à améliorer nos relations avec les autorités françaises, et éventuellement adoucir la position américaine concernant les cargos. Bon, il est temps de questionner nos invités. Fais entrer Ahmed.

Samuel s'était assis derrière le bureau. Ahmed, sûr de lui depuis qu'il collaborait, entra très décontracté et sans attendre qu'on l'y invite, se posa dans le fauteuil face à S.Y.

– Qu'est ce qui va se passer pour moi ?

– On va vous mettre hors circuit, lui répondit Samuel en le voussoyant pour le mettre en confiance. Nous vous relâcherons dès que possible.

– C'est-à-dire ?

– Quand je le déciderai. En attendant il va falloir m'en dire davantage.

– Mais je n'ai rien de particulier à vous dire. Vous vouliez l'adresse de madame Leïla, je vous l'ai donnée…

– Nous la connaissions, coupa Samuel.

– Je vous ai fait entrer chez elle.

– C'est vrai. C'est un bon point pour vous. C'est d'ailleurs la raison pour laquelle, tant que les otages n'auront pas été libérés, vous aurez un régime de faveur. Après vous serez libre.

– Attendez, je ne comprends pas bien. De quels otages voulez-vous parler ?

Samuel changea de tactique. Il se leva à demi, les poings appuyés sur le bureau. Le regard vrillé sur Ahmed, il l'apostropha.

– Écoute-moi bien. Je ne joue plus. Il y un couple et deux enfants qui risquent de mourir par ta faute et celle de tes petits copains. Tu vas me dire tout ce que tu sais à ce sujet, sinon je te promets que tu ne ressortiras pas en bonne santé de ce bureau. Même ta mère ne te reconnaîtra pas, tellement tu auras changé.

– Non, je vous jure. Je ne suis au courant de rien. Moi j'exécute les ordres qu'on me donne. Je devais rester dans la rue de Naples pour tout noter. Jusqu'au moment où on m'a donné l'ordre de vous tendre un piège pour vous mettre hors d'état de nuire.

– Qui ?

– Qui quoi ?

– Ne fais pas le con. Qui a donné cet ordre ?

Samuel s'était levé, avait contourné le bureau et se trouvait face à Ahmed. Le poing fermé, il appuyait fortement sur sa poitrine qu'il labourait sans ménagement. Ahmed se retourna pour s'assurer que la porte du bureau était bien fermée et murmura du bout des lèvres : "Madame Leïla".

– Qui est l'homme qui est avec elle ? questionna Samuel tout en continuant de le malmener.

– Je ne sais pas.

L'interrogatoire se poursuivit encore quelques instants. Samuel n'en tirerait rien de plus. Ahmed n'était qu'un sous-fifre, un exécutant. Il le fit sortir du bureau. Le porte flingue qu'il avait assommé en entrant prit la place laissée vacante. Habituellement, lorsque Samuel était invité quelque part il apportait des fleurs, cette fois-ci il était venu avec une corbeille de gnons qu'il avait bien l'intention de distribuer.

Le nouveau venu fit mine de s'asseoir. Simon le releva.

– Tu t'assoiras lorsqu'on te le dira !

Empêtré dans ses liens, l'homme se tenait debout dans un équilibre précaire. Samuel le regardait droit dans les yeux. L'homme baissa les paupières, ce qui lui fit perdre cet équilibre auquel il tenait tant. Il s'affala sur le tapis. Samuel le laissa par terre. Dans l'état où il se trouvait, ayant perdu toute dignité, l'homme serait plus disponible pour répondre aux questions. Il fallait en finir au plus vite.

– Comment t'appelles-tu ?

Le regard de l'homme était haineux. Il rassembla ses forces et cracha en direction de Samuel. Simon s'approcha, lui balança son pied droit dans les côtes. L'homme se tordit de douleur. Samuel répéta sa question.

– Oumar.

Il accompagna sa réponse d'une bordée d'injures en arabe. Samuel se leva, fit le tour du bureau, releva

Oumar qu'il maintint debout en le tenant fermement de ses mains puissantes. Ils étaient nez contre nez. Soudain Samuel se recula légèrement et lui donna un coup de tête d'une telle force que les neurones d'Oumar s'en trouvèrent complètement désordonnés. Le sang gicla de son nez. Son regard se fit flou. Il glissa à terre comme une chiffe molle.

– Je n'aime pas qu'on parle de ma mère de cette façon, dit Samuel en reprenant place derrière le bureau. Puis s'adressant à Simon : On ne tirera rien de celui-là pour le moment. Mets-le avec l'autre et fais venir le petit copain de Sa Dame. Cela devrait être plus intéressant.

Simon lui écrasa la main de son pied et en profita pour le lui balancer dans les côtes.

– Allez, lève-toi !

Il revint aussitôt avec le "fiancé" de Sa Dame. Courroucé, le quinquagénaire entra dans le bureau en vociférant.

– Vous n'avez pas le droit ! Vous avez des méthodes de voyou ! Je me plaindrais à qui de droit ! Vous allez entendre parler de moi !

– Ça tombe bien, rétorqua calmement Samuel, c'est justement ce que je veux. Vous entendre parler de vous. Si vous voulez bien, déclinez-moi votre identité. Ce sera une excellente entrée en matières.

– Je ne répondrai à aucune de vos questions.

– Quel dommage, dit Samuel en jouant avec un coupe-papier. Quel dommage. Moi qui croyais que, de la bande, vous étiez le plus intelligent. – Puis changeant de ton : Tu sais bien, gros lard, que je te ferai dire tout ce que je veux et que tu regretteras de ne pas l'avoir fait plus tôt. Je vais tellement t'abîmer le portrait que tu ne pourras pas mettre un pied dehors sans que la population appelle les pompiers pour t'enfermer vu que tu seras laid à faire peur.

Il était deux heures trente et la nuit plutôt fraîche, ce qui ne pouvait justifier les gouttes de transpiration qui ruisselaient le long des joues du Monsieur de Sa Dame. Il était en nage. L'eau coulait de ses cheveux pour terminer sa course dans ses yeux. Ça le picotait et le faisait pleurer.

– Je peux m'asseoir ?

– Non ! Réponds d'abord !

L'homme pinça la bouche tout en secouant la tête négativement. Encore un qui se prend pour un dur, pensa Samuel qui fit un signe à Simon. Ce dernier lui subtilisa son portefeuille d'où il en retira ses papiers d'identité.

– Eh bien voilà… Tu t'appelles Hocine Yaris. C'est un joli nom Hocine. En arabe ça veut dire excellent ou beau. Dans ton cas on oubliera beau. Tu n'es pas assez idiot pour ne pas t'être rendu compte que tu étais laid. Quant à être excellent, il va falloir que tu me le prouves. Si tu veux bien, je t'appellerai Hocine. Nous n'allons pas faire de manières entre nous. En revanche, moi c'est Monsieur et ne t'avise pas de me tutoyer.

– Vous n'avez pas le droit.

– Ça, tu l'as déjà dit. Explique-moi plutôt ce que tu fais ici.

– Ça ne vous regarde pas.

– Affaire de cœur? Questionna Samuel en lui décochant un coup d'œil qui se voulait complice. Tu connais la rumeur. Il semblerait que Leïla soit la petite amie de

Saddam. S'il apprend que je vous ai surpris en train de forniquer, je ne donne pas cher de ta peau. Tu sais comment on punit l'adultère dans ton pays. Leïla se fera lapider et toi on te coupera les couilles.

– Vous ne pourrez jamais faire croire ça.

– Sauf si il y a des photos. Tu sais, ça, c'est facile à faire. On te déshabille, on déshabille ta copine et on vous met au lit ensemble. Bien ficelés tous les deux, les draps ne couvrant que les liens, le reste à découvert et hop! Le cliché est pris et envoyé à ton patron, ainsi d'ailleurs qu'à tous les journaux à scandale. Je peux également trouver d'autres astuces pour te faire parler, mais ça risque d'être moins agréable que de te retrouver dans le lit avec ta maîtresse.

– Ce n'est pas ma maîtresse.

– Eh bien tu vois, tu causes.

– Je me plaindrai auprès de mon gouvernement.

– Lequel? Celui qui va sauter ou celui qui le remplacera.

Hocine se tortillait, les genoux serrés.

– J'ai besoin d'uriner.

– Fais dans ton pantalon.

– J'ai des problèmes de prostate. Il faut que j'aille aux toilettes. Après, peut-être, je répondrai à vos questions.

– Accompagne-le, dit Samuel à Simon, mais ne le quitte pas un seul instant. Ne le détache pas. Au besoin, sors-lui son oiseau et fais-le pisser. Je ne lui fais pas confiance.

Lorsqu'ils revinrent, Hocine avait la braguette ouverte et un large tache brune sur son pantalon beige. Le visage ravagé par un cocktail de colère et de honte qui l'avait rendu moins arrogant, il baissait la tête. Sans attendre l'autorisation, il prit place dans le fauteuil face au bureau. Samuel interrogea Simon du regard.

– Que veux-tu, il gigotait tellement quand je lui ai sorti son zizi que j'en ai eu marre. Je l'ai laissé se pisser dessus.

Hocine avait croisé ses genoux, comme s'il voulait cacher sa gêne. La honte l'avait quitté mais sa colère demeurait intacte tandis que son regard hautain fixait Samuel. Celui-ci savait qu'en face de lui, le moment d'humiliation passé, il avait un adversaire de qualité.

– Debout, vociféra Samuel. Je ne t'ai pas dit de t'asseoir. Maintenant que tu as pissé, il va falloir répondre aux questions. Primo, que fais-tu ici ?

L'homme toisait Samuel d'un regard assassin. Il se taisait. Mieux, il détourna les yeux, dédaignant son interlocuteur. Sur un signe de Samuel, Simon le fit se lever. Malgré sa détermination à ignorer Samuel, à vouloir traiter son interlocuteur par le mépris, Hocine était en train de craquer. C'était le moment pour S.Y. de porter l'estocade.

– Bien, puisque tu ne veux pas parler, nous allons voir, si face à ta dulcinée, la braguette ouverte et le pantalon maculé, tu continueras à faire le fanfaron. – S'adressant à Simon. – Fais entrer sa copine.

Hocine devint livide. Son courage, son opiniâtreté venaient de fondre comme neige au soleil. L'idée de se montrer à Leïla dans l'état où il se trouvait lui était insupportable. Il se rassit, baissa la tête et murmura :

– Que voulez-vous savoir ?

– Tout, triompha Samuel. D'abord qui es-tu exactement et que fais-tu ici ?

– Je suis dans les affaires et c'est à ce titre que je suis venu voir Madame Leïla. Je suis irakien et, placée comme elle est dans le gouvernement de mon pays, j'ai pensé qu'elle pouvait m'aider par ses relations.

L'homme avait relevé la tête. Il avait eu le temps de peaufiner son texte et ne manquait pas de conviction en le disant. Maintenant, sans sourciller, il fixait Samuel.

– À deux heures du matin et justement cette nuit ?

– J'ignorais qu'elle allait avoir de la visite.

– C'est ça, tu passais par hasard, tu as vu de la lumière et tu t'es dit que c'était le moment idéal pour parler business. Non, je crois plutôt que tu essayais de séduire la dame en attendant la livraison de saucissons bien ficelés, nous en l'occurrence. Tu vois Hocine, là tu fais une erreur, je dirais même une très grosse erreur. Il est près de trois heures du matin et je n'ai plus envie de jouer. Je vais te dire ce qui va se passer. Je vais faire entrer Leïla, elle va te voir dans toute ta splendeur. Je serais étonné qu'après ça, elle ait envie de coucher avec toi. Je vais vous déshabiller tous les deux et faire les photos que je t'avais promises. Je les enverrai à qui de droit, accompagnées de la photocopie de cette liste que je viens de trouver, en disant que ça vient de toi. Après ça, je ne donne pas cher de ta peau, ajouta Samuel en brandissant la feuille. Tu ne seras en sécurité nulle part, même sur une île déserte les sbires de Saddam te retrouveront.

Samuel marqua une pause, laissant à Hocine le temps de mettre ses neurones en ordre de marche et reprit.

– Il y a une autre solution et tu la connais. Je vais

t'aider. Nous savons qu'il y a deux équipes. Une qui a servi de leurre pour nous mettre sur une fausse piste. Cette équipe est désormais hors circuit. Nous savons que Leïla n'est qu'un pion et ne sert que d'intermédiaire aux tractations en cours. Nous avons une idée concernant l'autre équipe et nous sommes persuadés que c'est elle qui détient les otages. Et surtout ne me fais pas le coup de me dire que tu n'es au courant de rien, je pourrais me fâcher et ce ne serait pas bon pour toi. Seulement voilà, le temps presse, la guerre entre ton pays et les U.S.A est imminente. J'ai bien peur que, dans ce cas, tes copains assassinent les Kaplan. Je ne te demande pas de trahir, je veux juste savoir ce que tu fais dans ce merdier. Quel est ton rôle ? À quoi sers-tu ? Quels sont tes rapports avec cette bande de malfrats ? Je veux des noms et des adresses. Si tu m'aides, je n'en parlerai à personne. Je jouerai même le jeu devant Leïla concernant ton patriotisme à tous crins. Quand tu seras libéré, après la guerre, tout le monde te prendra pour un héros. En revanche, si tu ne m'aides pas je te promets un avenir sombre et je te tiendrai pour responsable de tout ce qui pourrait arriver aux otages. Tu as une minute pour te décider.

– Je ne vous ai pas menti. Je suis dans les affaires, et plus précisément dans la finance. En fait je dirige la branche import-export de la banque de Bagdad.

– Quel rapport ?

– Je suis chargé de financer les achats de matériel militaire.

– Que viens faire Leïla à ce niveau ?

– C'est à elle que je remets les fonds. Moi je reste dans l'ombre.

– Qui sont vos fournisseurs ?

– Vous avez trouvé la liste.

– Que veulent dire les numéros après chaque nom.

– C'est le numéro d'identification des banques et celui du compte des vendeurs. Ainsi que vous pouvez le constater, il n'y a pas que des noms arabes. "Gagner dans le commerce de la boue vaut mieux que de perdre dans celui du musc". C'est un proverbe arabe.

– En quelque sorte, "l'argent n'a pas d'odeur". Bon, maintenant expliquez-moi votre rôle dans cette histoire de kidnapping ?

Les rapports s'étant détendus, Samuel avait repris le voussoiement, ce qui mit Hocine en confiance.

– Avant de vous répondre, je dois vous dire que je trouve ridicules les exigences de notre président. Je ne suis pas d'accord avec la politique de terreur menée par mon gouvernement. Mais je ne suis qu'un banquier irakien et je dois obéir aux ordres si je veux préserver ma famille. Pour en revenir à votre question, mon rôle se borne à servir d'intermédiaire entre Leïla et les services secrets irakiens. Voilà pourquoi j'étais présent cette nuit, pour confirmer la bonne fin de l'opération menée contre vous.

– Donc vous savez qui ils sont et comment les joindre.

– Non. Ils se méfient. Je ne les ai jamais rencontrés. Ce sont eux qui me contactent.

– Comment ?

– Ils m'appellent sur mon portable. Ils me donnent des ordres. J'exécute. Je peux vous affirmer qu'il en est de même pour Leïla. Qu'allez-vous faire de moi à présent ?

– Je crois que je peux vous faire confiance, mais vous ne m'en avez pas assez dit. Que savez-vous à propos des cargos qui croisent en mer d'Oman.

– Quels cargos ?

– Ne recommence pas à faire l'idiot. C'est toi le caissier, c'est donc toi qui as payé la facture.

– Je ne sais pas de quoi vous voulez parler.

Samuel fit un signe à Simon. Celui-ci se leva et balança un aller-retour à Hocine qui explosa la tête de ce dernier tout en l'éjectant de son fauteuil. Maintenant il était recroquevillé à terre, tandis que des larmes glissaient sur ses joues rebondies.

– Écoute gros lard, ce n'est qu'un petit acompte sur ce qui t'attend si tu n'es pas raisonnable. Il est trois heures du matin, je suis fatigué et ma patience a des limites. Ou tu parles maintenant ou tu te souviendras le restant de tes jours comment nous avons terminé cette conversation. Tu seras tellement amoché que tu n'auras pas le droit de passer devant une école d'enfants, au risque de les effrayer. Puis s'adressant à Simon. Remonte-le dans son fauteuil.

Une fois assis, Hocine regarda Samuel dans les yeux et sembla retrouver son calme.

– Je ne suis pas vraiment au courant. J'ai, il y a deux mois, fait virer une somme très importante à un groupe financier au Pakistan. Je n'ai pas traité directement. Je n'ai servi que de boîte à lettres.

– Sur les ordres de qui ?

– Directement de Saddam Hussein.

– Tu veux que je te crois ?

– C'est la vérité. Je ne sais rien. En m'informant j'ai cru comprendre que le transport des armes se ferait par bateaux. D'après ce que vous me dîtes, je suppose qu'il s'agit de cela. Je n'en sais pas plus.

– En faisant un petit effort et en fouillant dans ta mémoire, tu ne trouves rien d'autre à me dire ?

Cette fois, Hocine souriait.

– Vous aimez la cuisine libanaise ?

– Je n'ai rien contre. Pourquoi ?

– Alors allez dîner au "Ciel de Beyrouth". C'est avenue Wagram. On y mange bien et, parfois, on peut y faire des rencontres, répondit Hocine en clignant de l'œil.

Samuel se leva, le remercia et lui annonça qu'il était obligé de le mettre hors circuit jusqu'à la fin des événements. S'adressant à Simon.

– Toi et moi, nous dormons ici. Je préviens Moshé. Fais embarquer tout ce monde dans la camionnette, direction la clinique "Bon Repos" à Meudon. Entretemps je vais avoir une petite conversation avec Sa Dame. Fais vite, il est trois heures passées, j'ai sommeil.

– Et Liza, je l'embarque également ?

– Non, elle reste ici. On ne peut pas la mêler à ce panier de crabes.

Chapitre VII

Paris. Jeudi 6 mars. Trois heures et demi du matin.

La course aux armements bat son plein. Les gouvernements affûtent leurs stratégies.

Des soldats américains de la 82e division aéroportée s'entraînent au Koweït. Georges W. Bush, à la veille de sa conférence de presse, missionnera Colin Powell devant le Conseil de Sécurité de l'ONU afin d'expliquer les raisons pour lesquelles Washington pense que Saddam Hussein est sous le coup de "sérieuses conséquences" évoquées par la résolution 1441 de l'ONU. Véritable conseil de guerre où se peaufine la tactique sur le terrain et sur le ballet diplomatique. Le monde arabe organise un sommet de plus.

Après la bataille de l'ONU, c'est celle de Bagdad qui s'annonce.

Lorsque Samuel entra dans le salon, Liza dormait profondément sur le canapé tandis que Leïla, assise dans un fauteuil, en avait fini de son paquet de cigarettes. Avram, confortablement installé face à Sa Dame, avait du mal à rester éveillé.

– Simon t'attend. Dès que vous aurez terminé de convoyer cette bande de crabes, tu pourras aller te coucher, mais auparavant porte ce document à Moshé.

– Il lui donna la liste des fournisseurs de Hocine – et ensuite dors près du téléphone. Ah ! J'oubliais. Avant de partir, ligote la dame. – Samuel désigna Leïla –. Je n'ai absolument pas confiance en elle. Une fois que vous serez partis, je vais essayer de dormir moi aussi. À demain, je passe dans le bureau pour téléphoner.

– Vous êtes des porcs, cria Leïla en se débattant.

– Arrêtez de bouger, sinon je serre encore plus fort. Les hurlements de Sa Dame réveillèrent Liza. Samuel l'envoya se coucher dans la chambre de la maîtresse de maison, lui disant qu'il la rejoindrait plus tard. Simon s'installa sur le canapé face à Leïla et s'endormit presque aussitôt. Samuel était le seul à tenir encore debout. Il alla dans le bureau et composa le numéro de Moshé sur son portable.

– Désolé de te réveiller mais…

– Je t'ai déjà dit que je ne dormais pas. Alors, où en es-tu ?

– J'avance. J'avance même très vite. La livraison pour Meudon est en route. Dans le lot, il y a un banquier qui s'est mis à table. Celui-là, je te recommande de le mettre au chaud, c'est lui le caissier de la bande. Il n'achète pas, il ne vend rien, il paye. Nous avons évoqué l'affaire des cargos français. Il dit avoir été la banque payante mais affirme ne pas en savoir davantage. Je le crois, à moins que ce soit un bon comédien et ça, je peux également le croire. En revanche, il m'a mis sur une piste, je t'en parlerais après. J'attends d'être certain qu'il dit vrai. Oui ou non, on avisera plus tard. Je te fais parvenir, par Avram, une liste très intéressante. Il t'expliquera comment la lire. Tu risques d'avoir des surprises. C'est de la dynamite. Vois avec

Jérusalem ce qu'il faut en faire. Certains gouvernements donneraient cher pour en prendre connaissance et cela pourrait même faciliter nos transactions concernant la deuxième partie de la mission.

– Tu veux encore parler des cargos ?

– Oui. J'ai gardé Leïla avec moi. Je ne sais pas encore ce que je vais en faire. Pour moi, elle sert uniquement de boîte aux lettres et n'a pas l'importance qu'on veut bien lui accorder, à moins que…

– À moins que quoi ? coupa Moshé.

– À moins qu'elle n'ait pris elle aussi des cours de théâtre et qu'elle soit sortie première de sa classe. Ce qui ne me surprendrait pas.

– Ce qui veut dire ?

– Que je ne l'écarte pas, mais que je ne peux pas la laisser dans la nature, ni l'enfermer, ce qui mettrait la puce à l'oreille des Irakiens.

– Alors ?

– Alors je réfléchis. Franchement je n'ai pas encore pris de décision. En revanche mon banquier m'a fortement conseillé de dîner au Ciel de Beyrouth et m'a bien fait comprendre que je pouvais m'y faire des relations utiles. C'est de ça dont je voulais te parler. À ce propos as-tu des nouvelles de Haïm ?

– Oui. Le restaurant est fréquenté par une clientèle d'habitués, en majorité arabes. D'après Haïm on y mange très bien, mais c'est cher. Peut-être en raison des musiciens qui viennent jouer autour des tables, peut-être aussi en raison de la sécurité, nombreuse et très voyante, à l'entrée de l'établissement. Un tel luxe de précautions pour un restaurant qui ne fait pas boîte de nuit peut surprendre.

– Mais encore ?

– Non. Enfin pas grand-chose, poursuivit Moshé en riant.

– Moshé, il est presque quatre heures du matin. Je suis mort de fatigue, tu crois que c'est le moment de jouer aux devinettes ?

– Il semblerait qu'Aaron fréquentait régulièrement le "Ciel de Beyrouth".

– Comment le sais-tu ?

– Haïm l'a appris par un clochard qui a élu domicile sous une porte cochère à côté du restaurant. Malgré son déguisement, Haïm l'a reconnu, il le connaissait. C'est un agent du Mossad, ce qui prouve qu'ils sont déjà sur cette piste. On aurait gagné du temps s'ils nous en avaient parlé. Renseignements pris, Aaron avait tenté d'infiltrer les Irakiens en leur racontant qu'il avait besoin d'argent pour assouvir ses besoins en putes et pour les salles de jeux. Son seul vrai contact était ce clochard ainsi que l'ambassadeur. Le Mossad était là en couverture. Toujours d'après le clochard, Aaron aurait réagi violemment lors de la capture des Kaplan. Ça ne leur a pas plu, ils l'ont liquidé.

– Je suis content d'apprendre qu'Aaron n'était pas un traître, mais pourquoi n'étions-nous pas au courant ?

– Bonne question. Peut-être que l'ambassadeur nous en dira plus…

– Qui était son correspondant chez les Irakiens et que leur a-t-il balancé pour être crédible ?

– Encore une bonne question. Même réponse. Je suppose qu'il leur a touché un mot des cargos, avec l'accord, bien entendu du Mossad.

– Et c'est pourquoi les Irakiens se sont intéressés à l'ambassade d'Israël à Paris. À se tirer comme ça dans les pattes, ce sont les Kaplan qui vont en faire les frais.

– Qu'est-ce que tu comptes faire ?

– Primo, dormir. Ensuite oublier les fonctionnaires du Mossad et faire comme je l'ai toujours fait.

– À savoir ?

– Agir seul, comme s'ils n'existaient pas. Si tu es d'accord.

– Je n'ai rien entendu. Va dormir et appelle-moi demain, j'aurai peut-être fait le ménage dans la maison.

Samuel retourna dans le salon. Leïla s'était endormie tandis que Simon, réveillé, luttait contre le sommeil. Soudain la sonnerie du téléphone retentit. Samuel enclencha le répondeur. Trop tard, la sonnerie s'arrêta, pour se déclencher à nouveau quelques secondes plus tard réveillant Leïla. Furibonde, elle se redressa, en écoutant le message.

– Allô, ici Oussama. Où êtes-vous ? Où est Hocine ? Où en êtes-vous de l'opération en cours ? Rappelez-moi dès que vous aurez pris connaissance de ce message. J'ai besoin de savoir.

Oussama raccrocha sèchement. Samuel pianota sur les touches du téléphone. Il appela les renseignements, le numéro était celui d'un restaurant libanais, "Au Ciel de Beyrouth". – Enfin, se dit Samuel, une vraie piste. - Il alla fermer les verrous de la porte d'entrée, bloqua une chaise sous la poignée, sans oublier de poser en équilibre des vases en verre qui, s'ils tombaient, éclateraient sur le sol et l'avertiraient du danger. Oussama pouvait ne pas attendre qu'on l'appelle et venir se rendre compte de la situation par lui-même. Puis il contrôla les liens de Leïla, qui s'était endormie. Il la regarda. Elle semblait apaisée. C'était une jolie femme. Il fut surpris de la regarder comme telle. Elle était son ennemie, il ne pouvait en aucun cas lui faire confiance. Il attendrait demain pour l'interroger sur ce fameux Oussama et alla rejoindre Liza. Elle était enfouie dans les draps. Seul le bruit de sa respiration légère brisait le silence et révélait sa présence. Il ôta ses vêtements et se dirigea vers la salle de bains, espérant qu'une douche l'aiderait à évacuer la fatigue d'une journée bien remplie. L'eau fraîche lui fit du bien. Le rideau s'ouvrit. Liza vint se coller contre son dos, la tête nichée dans le creux de son épaule, les bras serrés autour de sa poitrine. Il ne bougea pas. Puis, relâchant son étreinte, elle entreprit de lui savonner le dos du cou jusqu'aux cuisses. Il frissonna mais ne bougea toujours pas. Les mains expertes de Liza se firent plus précises. Une fois le dos de Samuel recouvert de mousse, et toujours sans qu'il se retourne, elles descendirent sur son ventre, et plus bas encore. Samuel passa ses bras en arrière, agrippa les fesses de Liza et la serra fortement contre lui. Elle se savonna à son tour la poitrine et lui caressa le dos avec ses seins. La mousse descendait le long de son ventre pour se perdre dans la région de son sexe. Samuel était tendu à s'en faire mal. Il se retourna, l'enlaça, lui murmura à l'oreille :

– Tu n'es pas obligée.

– Tu me plais. Je ne travaille pas, c'est pour mon plaisir. Je crois que je suis amoureuse.

L'eau de la douche coulait sur leurs corps frémissants sans pour autant calmer leur ardeur. Il l'enlaça, leurs lèvres se joignirent. Liza se laissa glisser tout en embrassant la poitrine du jeune homme où ses lèvres s'attardèrent goulûment. Tout en descendant elle se mit à genoux. L'eau continuait à ruisseler sur eux. Samuel releva la jeune femme, la prit dans ses bras puissants et la porta jusqu'au lit. Ils étaient trempés. Malgré sa fatigue, Samuel répondit au désir de Liza. Elle était comme un pur-sang et réagissait avec violence aux coups de boutoir de son amant. Elle gardait les yeux rivés sur le visage de Samuel. Soudain son regard s'embruma, son souffle devint rauque, elle laissa échapper de petits cris.

Ils restèrent l'un sur l'autre, immobiles, épuisés. Ils s'endormirent dans l'instant. Il était près de cinq heures du matin.

Au début les coups de sonnette étaient discrets, mais ils suffirent à réveiller Samuel. Il enfila un peignoir, attrapa son revolver. Un rapide coup d'œil à sa montre lui indiqua qu'il était dix heures vingt. Il avait dormi cinq heures et se sentait en pleine forme. Bien que les volets fussent fermés, le soleil arrivait à passer en force à travers les lattes pour éclairer le corps dénudé de Liza qu'il zébrait de larges stries de lumière comme s'il voulait la vêtir d'une peau de fauve. Maintenant les coups de sonnette étaient rageurs, comme l'étaient les coups assénés sur la porte. Simon était là, il retenait avec peine les vases pour éviter qu'ils ne tombent à terre, révélant ainsi leur présence. Puis tout redevint calme. Samuel regarda par l'œilleton. Ils étaient trois, dont les deux hommes qui l'avaient filé à bord de la Peugeot. Il ne reconnut pas le troisième. Ils s'engouffrèrent dans l'ascenseur. Samuel et Simon se précipitèrent à la fenêtre. Il manquait un morceau de latte à l'un des volets et ils purent ainsi regarder tout à loisir. Une chance, leur voiture, une grosse BMW noire, était garée sur le trottoir d'en face. Les trois hommes traversèrent la rue. L'un d'eux ouvrit la porte avec déférence à celui qui semblait être le chef. Ce dernier se retourna. Il était grand, chauve, la peau mate, légèrement bedonnant, vêtu d'un costume gris foncé, cravate foncée elle aussi sur une chemise blanche, une élégance discrète. Il regarda en direction de l'appartement de Leïla. Il sortit son mobile, composa un numéro. La sonnerie retentit aussitôt dans le salon et s'arrêta au quatrième coup. Visiblement, il ne tenait pas, cette fois-ci, à laisser un message.

– Nom de Dieu ! s'exclama Simon. Le type d'Aaron.

– Quoi le type d'Aaron ? demanda Samuel.

– Celui du Berkeley qui a eu une prise de bec avec Aaron.

– Tu en es certain ?

– Affirmatif. Au cas où ça pourrait t'intéresser, j'ai relevé le numéro de sa voiture.

Tout en souriant, Samuel lui donna une bourrade. Il l'avait également relevé.

– Va t'habiller pendant que je téléphone, tu n'es pas beau en caleçon.

Un bruit de verre en provenance du salon les fit sursauter. Ils se précipitèrent. Leïla était tombée de son divan dans lequel elle s'était endormie, entraînant avec elle les cendriers qui se trouvaient sur la table basse. Toujours ligotée et bâillonnée, elle gisait sur le sol. Ses yeux lançaient des éclairs. Ils la délivrèrent. Elle se mit à hurler. Samuel lui posa la main sur la bouche.

– Vous choisissez. Ou bien vous vous calmez, ou bien je vous attache de nouveau, et ceci pour le reste de la journée. Je vous envoie Liza, vous savez votre copine, elle va s'occuper de vous. Je ne sais pas pourquoi mais je crois qu'elle vous aime beaucoup, ajouta-t-il en souriant. Toi Simon, mets ton pantalon, sinon la dame va s'imaginer que tu es amoureux d'elle.

Tandis qu'il s'isolait dans le bureau pour téléphoner, les dames occupèrent la salle de bains. Simon était dans la cuisine, il préparait le petit-déjeuner.

– Bonjour Moshé. Je ne te dérange pas ?

– Non, j'attendais ton appel. Tu as passé une bonne nuit ?

Samuel décela dans l'intonation de la question une certaine ironie, comme si, malgré le côté tragique de la situation, Moshé avait de bonnes raisons d'être content. Samuel décida de passer outre. Avant de continuer il lui donna le numéro de la plaque minéralogique de la BMW.

– C'est urgent, insista S.Y.

– Ok, je te rappelle.

Une bonne odeur de café et de pain grillé provenait du salon. Leïla, Liza et Simon s'affairaient autour du petit-déjeuner déposé sur la table basse. Les deux femmes étaient maquillées. Une légère fragrance de *Chanel 5* flottait autour d'elles. Elles s'étaient habillées et semblaient prêtes à partir pour aller faire du shopping. À l'arrivée de Samuel, Liza se leva et s'approcha de lui en minaudant, tournant sur elle-même ainsi que l'aurait fait un mannequin lors de la présentation d'une collection.

– Comment trouves-tu le tailleur que Leïla m'a prêté ? C'est un *J.H.Farnel* dit-elle avec gourmandise.

En fait, il lui allait très bien, mais Samuel, en voyant le regard courroucé de Leïla, douta de sa générosité. Après tout, pensa-t-il, c'est une prise de guerre, et une revanche sur la manière dont Leïla s'est comportée envers elle. Ils déjeunèrent sans rien dire. Leïla rompit le silence.

– Qu'allez-vous faire de moi ? demanda-t-elle à Samuel.

– Tout dépend de vous.

– Qu'attendez-vous ?

– Votre coopération.

Leïla ne répondit pas. Elle fouilla dans son sac à la recherche d'une cigarette. En vain. Elle demanda l'autorisation de se lever pour prendre un paquet dans un des tiroirs de l'immense buffet qui couvrait tout un mur. Cela lui fut refusé. Sans tenir compte de l'interdiction, elle voulut se lever. Liza la renvoya dans son fauteuil d'une bourrade qui n'avait rien d'amical. Leïla eut du mal à contenir les larmes de rage qui perlaient le long de ses cils.

– Putain ! S'écria-t-elle.

La gifle qui ponctua cette insulte fut sonore. Les larmes, hésitantes l'instant d'avant, se mirent à couler abondamment et précédèrent une crise de nerfs puissance maximum sur l'échelle de la colère. Pendant ce temps Liza secouait sa main, se plaignant de s'être fait mal. Les traces laissées sur la joue de Leïla indiquaient la violence du coup. Il fallait mettre bon ordre à cette situation qui risquait de se terminer par un pugilat entre les deux femmes. Samuel fit signe à Simon. Celui-ci s'approcha de Leïla un bâillon à la main, ce qui eut le don de faire cesser ses cris. Samuel se leva, prit un paquet de cigarettes dans le tiroir central du buffet et le tendit à la jeune femme.

– Nous ne sommes pas des bourreaux, dit-il, mais il y va de la vie de la famille Kaplan et je ne peux pas me permettre de perdre du temps en amabilités. Où sont-ils séquestrés ? questionna-t-il en lui tendant la flamme de son briquet.

N'obtenant aucune réponse, il arracha violemment la cigarette de la bouche de Leïla, enlevant en même temps un bout de peau de sa lèvre inférieure, d'où une goutte de sang perla. Samuel réitéra sa question un ton plus fort. Leïla sursauta. De nouveau des larmes perlèrent.

– Je ne sais pas. Je ne sais rien de toute cette histoire.

– Je peux vous faire écouter les deux conversations téléphoniques que nous avons enregistrées. Vous n'aurez pas de mal à reconnaître votre voix.

– Oui, c'est vrai. J'ai appelé l'ambassade d'Israël. Mais je n'ai fait que lire des textes préparés à l'avance.

– Qui vous les a donnés ?

Leïla prit le temps, sous le regard consentant de Samuel, d'allumer une nouvelle cigarette tandis qu'elle laissait échapper un sanglot. Elle fixait Samuel dans les yeux avec insistance, comme si elle voulait le séduire. Elle se taisait, croyant trouver secours dans son mutisme.

– Vous savez bien que j'ai les moyens de vous faire parler, dit Samuel sans tenir compte de son regard de braise. Ne m'obligez pas à me servir de ma force, mais sachez que je le ferai si cela devient nécessaire. Je veux tout savoir sur votre rôle dans cette histoire. Plus vite vous parlerez, plus vite vous serez débarrassée…

Il fut interrompu par la sonnerie de son mobile. Il prit la communication tout en s'éloignant du groupe. C'était Moshé.

– La voiture appartient à Oussama Hassan, propriétaire du "Ciel de Beyrouth". Il semblerait que tout converge vers lui.

– Je crois que nous sommes enfin sur la bonne piste. Voici ce que nous allons faire. Je propose…

– Rien pour le moment, coupa Moshé. Il va falloir partager avec les services secrets français. Ils nous envoient leur James Bond. J'ai réservé une table pour déjeuner au Berkeley. À treize heures…

– Trop tôt. Entre treize heures trente et quatorze heures.

– Ok, je vais arranger ça. Bon, je continue. Étant donné la situation internationale et l'imminence d'un conflit, les Français sont à cran et ne nous pardonneraient aucune erreur ni aucune cachotterie. Ils ne veulent pas d'embrouilles sur leur territoire. J'ai reçu des directives en droite ligne de Jérusalem. Alors commence par arriver à l'heure au rendez-vous, et avec un sourire. Le reste, je te fais confiance.

– Leur as-tu parlé de la liste des fournisseurs ?

– Non. Pas encore.

– Pourquoi ?

– Secret d'état
– Le Premier ministre ?
– …
– Bon. C'est lui qui décide pour ça. En attendant, pour les Kaplan, c'est moi le patron. – Samuel marqua une pause, le temps d'une remarque possible de son supérieur qui ne vint pas – Retiens douze couverts pour le dîner ce soir au "Ciel de Beyrouth". Deux tables de quatre personnes et deux de deux, entre vingt heures trente et vingt et une heures. Convoque tout le monde à un briefing chez Martha pour dix-sept heures. Essaie de faire mettre des voitures ventouses à proximité du restaurant afin que nous puissions nous garer sans avoir recours au voiturier. Je n'aimerais pas leur donner la clé de ma voiture, d'autant plus que je n'ai pas de double, j'aurais l'impression d'être à poil.
– Tu as autre chose à me demander ?
– Oui. Une question et une recommandation
– Commence par la question.
– Comment est-ce que je reconnaîtrai James Bond ?
– Lui te reconnaîtra, dit Moshé en riant. Et la recommandation ?
– Inutile de te dire de ne pas réserver les tables en même temps et avec le même téléphone.
– Non. En effet. C'était inutile de me le dire. Tu me prends pour un bleu ou quoi ? N'oublie pas que dans ce foutu métier, c'est moi qui t'ai tout appris. Bon c'est tout ?
– Non. Prévois des filles pour accompagner les hommes. Ce n'est pas le genre d'endroit où les mecs viennent dîner seuls. Des nanas qui n'ont pas froid aux yeux et qui savent se servir d'un flingue.

– Pour toi aussi ?
– Non, moi j'ai ce qu'il faut.
– Le contraire m'eût étonné.
– Ah oui, j'allais oublier. Peux-tu me fournir le plan de l'immeuble où se trouve le restaurant ? Tu sais, comme celui que les pompiers affichent en cas d'incendie. Je souhaite avoir tous les étages, y compris les caves. Surtout les caves, ajouta-t-il après un moment de réflexion.
– Qu'est-ce que tu as dans la tête ? Tu ne crois tout de même pas que…
– Je ne crois rien. Je m'informe. Et puis on ne sait jamais.
– Ok, tu les auras. Chalom Samuel.

Samuel n'eut pas le temps de le saluer à son tour, Moshé avait déjà raccroché. Lorsqu'il retourna dans le salon, tout était calme. Leïla avait repris son sang-froid. Samuel prit place face à elle. Un coup d'œil à sa *Rolex*, il était près de midi. Il ne lui restait que peu de temps pour faire parler Sa Dame. Il n'avait pas le choix, il devait employer les grands moyens, d'autant que cette dernière semblait vouloir lui faire comprendre, par son regard hautain, qu'il n'obtiendrait rien d'elle. Il se composa un visage dur, ses yeux bleus comme le ciel d'Israël prirent un reflet métallique. Il la fixa pendant quelques secondes et perçut dans le regard de la femme comme un doute. Elle cilla, détourna son regard, prit une cigarette qu'elle tapota sur la table, croisa et décroisa ses jambes. Tous ces signes montraient à l'évidence qu'elle n'était pas vraiment sûre d'elle. Samuel prolongea son supplice encore un instant. Puis sans desserrer les lèvres, il murmura sèchement.

– J'ai bien peur d'être obligé, par manque de temps, de surseoir à votre interrogatoire. – Il s'adressa à Simon. – Attache-la et bâillonne-la. Nous reprendrons cette conversation ce soir, lorsque nous reviendrons. Attention, attache-la solidement, qu'elle ne puisse pas bouger. – Puis s'adressant de nouveau à Leïla. – Désolé, mais je n'ai pas le choix. Je n'ai aucune confiance en vous. Essayez de dormir, car nous reviendrons très tard dans la nuit. Pour plus de sécurité, je vais arracher les fils de votre téléphone, ainsi vous ne pourrez même pas écouter vos messages. Vous resterez ligotée jusqu'à demain matin. J'espère pour vous que vous pourrez le supporter. Sinon, c'est peut-être un cadavre que nous viendrons libérer. – Il la fixa avec un regard cruel. – Finalement ce serait peut-être une solution, car en fait vous ne m'êtes pas d'une grande utilité. Je dirais même que vous êtes plutôt encombrante. Profitez-en pour réfléchir aux conséquences de vos actes. Peut-être comprendrez-vous ainsi à quel point il est lâche de s'attaquer à une famille entière, dont une femme et deux enfants. Vas-y Simon.

Ce dernier se leva et ramassa la corde qui gisait à terre. Les yeux de Leïla allaient de l'un à l'autre. Son regard s'attarda même sur Liza, chez qui elle espérait trouver du secours. Entre femmes, devait-elle penser, on peut parfois s'entraider. Pourtant, à ce niveau, elle faisait fausse route. Liza la regardait avec dédain. Cependant elle eut tout de même un mot de compassion. Samuel la fit taire sèchement. Maintenant Leïla était livide. De profondes rides s'étaient creusées le long de ses joues tandis que des cernes foncés avaient envahi le contour de ses yeux.

– Vous n'allez pas faire ça! dit-elle d'une voix angoissée.

– Désolé, vous ne me laissez pas le choix. À moins que, sans attendre, vous ne me disiez tout ce que je veux savoir.

– Je ne peux pas. Ce serait comme si je signais mon arrêt de mort.

– Vous êtes en train de le faire. De plus, je doute que votre patron, avec qui je me suis laissé dire que vous aviez d'autres relations que professionnelles, lance ses tueurs à vos trousses.

– Vous faites erreur. Il ne le fera pas. Il a confiance en moi.

– En fait, vous ne niez pas être sa maîtresse?

Leïla ne répondit pas. Mais son cerveau tournait à vive allure. Samuel s'en rendit compte et laissa faire. Il valait mieux, pensait-il, que cette femme intelligente pèse le pour et le contre. Il savait que d'une manière ou d'une autre, si elle n'était pas encore hors circuit, cela ne tarderait. Mais il pensait aussi qu'elle pouvait toujours servir ou tout au moins faire illusion ou servir d'appât. Leïla elle-même, dans son analyse de la situation, devait imaginer qu'Oussama avait déjà envoyé un rapport au Raïs pour lui signaler sa disparition. Oussama avait probablement ajouté qu'elle était morte ou prisonnière. Morte, son cadavre devenait encombrant. Il fallait le faire disparaître, mais auparavant il fallait savoir où il était. Prisonnière, il fallait espérer qu'elle aurait la force de se taire, car elle en savait bien autant si ce n'était plus que lui. En aucun cas elle n'imaginait qu'Oussama évoquerait la possibilité d'un passage à l'ennemi sous peine de déplaire au tyran de Bagdad et entraîner à son égard, des sanctions qui ne manqueraient pas de tomber. Malgré ses déclarations guerrières elle ne pouvait ignorer qu'une confrontation avec l'armée des États-Unis tournerait pour l'Irak à la catastrophe. Son pays était divisé en deux. D'un côté ceux qui vociféraient contre les Américains et les pressaient de venir en découdre pour leur faire mordre la poussière au nom d'Allah et de l'autre côté ceux, dont elle faisait partie, qui espéraient que les efforts des pays hostiles à cette guerre finiraient par emporter la décision d'une solution pacifique et onusienne à ce conflit. Pour gagner du temps Leïla répondit évasivement à la question ;

– Je ne vois pas en quoi cela vous regarde.

– À tester votre capacité de dire la vérité.

– Allons plutôt au fait. Dîtes ce que vous voulez savoir et finissons-en.

Fin connaisseur, Samuel apprécia l'effort de Leïla pour tenter de retourner la situation à son avantage. Il lui fit croire qu'elle avait en partie réussit.

– Parfait, dit-il avec un sourire enjôleur

Elle le lui rendit de la même façon. On aurait pu imaginer une joute publicitaire entre deux marques de dentifrice. Samuel laissa couler quelques instants, le temps que Leïla savoure sa courte victoire, puis reprit :

– Je crains réellement de n'avoir pas le temps de vous interroger. En conséquence je vais vous faire ligoter jusqu'à cette nuit. Excusez-moi, dit-il en se levant.

– Attendez ! s'écria Leïla. Oussama n'est qu'un vulgaire restaurateur qui se croit important parce qu'on lui a donné certaines responsabilités.

– Lesquelles ?

– La protection discrète des personnalités irakiennes de passage à Paris.

– Et l'élimination de gêneurs…

La jeune femme baissa la tête sans répondre, ce qui en soi était déjà une réponse.

– Il est dévoré d'ambition et n'a aucun scrupule. Il tuerait ses propres parents pour plus de pouvoir.

– Qui détient les otages ? Lui ?

– Je ne sais pas.

– Ne mentez pas. Qui commande ? Qui tire les ficelles ? Vous ? Hocine ? Oussama ? Répondez !

– Bagdad. Nous recevons toutes nos instructions de Bagdad et…

– Et je ne vais pas vous faire de cadeau si vous continuez à me mentir ! s'écria Samuel.

– C'est vrai. Je vous assure que nous attendons les ordres et que nous agissons ensuite.

– Qui reçoit les ordres ?

– Moi.

Le jeune homme se méfia. Leïla avait jeté les armes trop vite.

– Je peux peut-être vous en dire plus, mais seulement à vous.

Samuel fit sortir Liza et Simon.

– Bon, maintenant nous sommes seuls. Où sont les otages ?

Leïla se leva. Ses yeux ne quittaient pas le visage de Samuel. Ils avaient une expression nouvelle. Pas de doute, pensa le jeune homme, cette garce essaie de me séduire. En fait c'était du grand art, tout y était : la démarche chaloupée, le regard trouble et les deux boutons de son corsage déboutonnés subrepticement. D'un geste gracieux elle ôta le peigne qui lui tenait ses longs cheveux noirs et qui, d'un coup, cascadèrent autour de son visage pour descendre jusqu'à ses épaules. Samuel la laissa faire, la situation ne lui déplaisait pas, Leïla était une jolie femme et il voulait savoir jusqu'où elle était capable d'aller. Elle vint s'asseoir sur le divan tout près de lui. Ses doigts caressèrent son visage. Samuel ne bougeait pas. Les caresses de Leïla se firent plus précises et ses mains qu'elle avait glissées sous sa chemise effleuraient sa poitrine. Inconsciemment, Samuel frémit sous les attouchements. Leïla cru la partie gagnée, sa bouche rejoignit celle du jeune homme tandis que ses mains libéraient sa poitrine délicieusement pommelée qu'elle exhibait comme une offrande.

– Prends-moi, dit-elle de sa voix chaude.

Samuel l'écarta sans brusquerie, mais fermement. Leïla eut un geste d'étonnement.

– Je répète ma question. Où sont les otages ?

Vexée, dépitée, Leïla se leva et rejoignit son fauteuil tout en reboutonnant son corsage. Son visage redevenu de marbre, la froideur y compris.

– Je croyais les Israéliens plus chauds en amour. C'est une légende.

– Non, vous ne vous trompez pas. Ils sont chauds, mais en général choisissent leur partenaire eux-mêmes et en tout cas ils évitent de faire leur marché chez leurs ennemis. Vous m'avez déjà envoyé Liza, ne croyez-vous pas que c'est suffisant pour un seul homme ? ajouta-t-il en souriant. Trop c'est trop, au-delà c'est de la provocation. Où sont les otages ?

Cette fois le ton de sa voix était cassant, signifiant ainsi que la récréation était terminée et qu'il n'avait pas été dupe de sa tentative de séduction. La jeune femme avait eu le temps de reprendre ses esprits.

– Je ne sais pas. Comprenez-moi bien. Personne ne commande à personne. Nous sommes trois. Moi, je reçois les instructions et je transmets. Hocine, lui, se charge des transactions et c'est tout. C'est un homme d'affaires redoutable, mais c'est un poltron et je sais qu'on ne peut pas lui faire confiance.

– C'est lui l'agent payeur de la marchandise embarquée sur les cargos ?

– Je ne sais pas.

– Il y a beaucoup de choses que vous dites ignorer. Le troisième, c'est Oussama ?

– Oui. Je vous l'ai dit. Lui est dangereux. C'est le bras armé des services secrets irakiens en France. Il n'a pas d'idéal, seuls l'argent et le pouvoir comptent pour lui.

– C'est donc lui qui a enlevé la famille Kaplan ?

– Oui.

– Et c'est donc lui qui détient les otages ?

– Oui, mais j'ignore où ils sont.

– Habillez-vous, nous partons.

– Où ça ? Questionna-t-elle inquiète.

Samuel ne répondit pas, se leva et alla dans le bureau pour téléphoner.

– Moshé, c'est moi.

– Je t'ai reconnu.

– Changement de programme. Nous ne serons plus que deux couples à dîner ce soir. Ca fait deux tables, une pour Simon, l'autre pour moi. J'ai de gros doutes sur l'efficacité de l'opération.

– Pourquoi ?

– J'ai à faire à trois grands menteurs et je me méfie trois fois plus. J'ai la désagréable impression que cette opération est suggérée par les révélations de mes trois menteurs qui souhaitent nous recevoir dans leur cantine.

– Et tu crois que c'est prudent d'aller te mettre dans la gueule du loup ?

– Je sais que c'est risqué, mais je ne vois pas d'autre moyen de prendre contact. Demande à Avram de venir me chercher. Maintenant que la rue de Naples est libre, nous allons la réinvestir. Je vais y planquer quelqu'un. Je t'expliquerai durant le briefing. Chalom, à tout à l'heure.

Une demi-heure plus tard Avram les conduisait jusqu'au studio de Liza. Ils arrivèrent au moment même où le concierge faisait briller la rampe de l'escalier. Le gnome regarda Samuel et le salua d'un bref clin d'œil agrémenté d'un sourire édenté. Samuel se dit qu'il irait lui parler en redescendant.

– Désolé, dit S.Y. en s'adressant à Leïla. Je dois vous laisser sous bonne garde. Nous reprendrons à mon retour cette intéressante conversation. Vous serez ligotée dès que Liza sera seule. – Il la fixa – Vous comprenez que je ne peux pas vous faire réellement confiance.

Face à la surprise de Liza, il ajouta :

– Ne t'inquiète pas, ce ne sera pas long. Ce soir je t'invite à dîner libanais. Tu trouveras bien ici quelque chose à te mettre. En attendant regarde la télé. Tant que l'opération est en cours, je ne veux laisser personne dans la nature.

– Tu ne me fais pas confiance ?

– Si, mais je dois prendre toutes les précautions possibles. C'est autant pour ta sécurité que pour la nôtre. Il y dehors des voyous qui seraient bien contents de te faire parler, et sans délicatesse.

Au moment de partir, Samuel revint dans le salon.

– Désolé pour tout à l'heure. À un autre moment j'aurais aimé avoir une aventure avec vous. Vous êtes jolie, intelligente, ce qui ne va pas toujours ensemble. Ne voyez pas dans mon refus de la goujaterie, mais de la prudence que je regrette vraiment sincèrement.

Leïla n'avait pas bougé, elle était troublée et se demandait si sa provocation amoureuse ne lui avait été dictée uniquement que par devoir. Avant de quitter l'immeuble Samuel alla frapper à la porte du concierge. Pas de réponse, la loge était vide.

Chapitre VIII

Il était à peine treize heures trente lorsque Avram déposa Samuel devant la terrasse ensoleillée du Berkeley. D'un regard circulaire S.Y. chercha l'homme avec qui il avait rendez-vous. Il pénétra à l'intérieur et reconnu tout de suite Gilles le Brennec. Ainsi c'était lui le James Bond français avec qui il devait coopérer ! Samuel était heureux de revoir cet agent spécial des services de sécurité français avec qui il avait partagé, pour le compte de leurs deux gouvernements, une mission très particulière dans le sud de l'Espagne, mission qui s'était achevée dans les eaux de la Méditerranée. Une histoire de pétrole, doublée d'un trafic de stupéfiants. Chacun y avait trouvé son compte. Depuis ils s'étaient revus à plusieurs reprises. Samuel avait invité Gilles le Brennec à visiter Israël, puis, pris chacun par des missions à travers le monde, ils s'étaient perdus de vue. Gilles n'avait pas changé. Il portait toujours ses cheveux blonds aussi courts, ce qui mettait en valeur ses yeux verts. Bien qu'il fasse près d'un mètre quatre-vingt, sa musculature impressionnante et son cou de taureau donnaient l'impression qu'il était trapu. Il était breton d'origine et le revendiquait. À l'approche de Samuel il se leva et l'accueillit par un fraternel bonjour en breton "dematan Samuel", auquel celui-ci répondit par "chalom Gilles". Ils se donnèrent une forte accolade manifestement heureux de se revoir.

– Ainsi c'est toi que la D.S.T. a désigné pour nous surveiller ?

– Toujours aussi parano. Non, pas pour surveiller. Pour apporter une aide logistique en cas de besoin et surtout pour éviter les vagues qui ne manqueraient pas de se produire si la presse avait vent de ce qui se trame. La situation est explosive. Nous savons qu'il y aura la guerre et nous ne voulons en aucun cas que cette guerre ait des répercussions dans notre pays.

– Je ne comprends pas.

– C'est pourtant simple. Mais avant, il faut que je te parle de moi. Je dirige une section particulière.

– Tu as pris du galon ?

– Oui. Que veux-tu, on reconnaît enfin mes mérites, répondit Gilles en souriant. Laisse-moi continuer sans m'interrompre, tu te foutras de moi après. En fait, mon service n'a aucune structure officielle. Je suis chargé d'éviter tout débordement et confrontation entre les communautés actuellement sur le devant de la scène. Je peux t'affirmer que je ne chôme pas. En raison du conflit annoncé, les intégristes de tous bords nous donnent du fil à retordre. C'est une guerre de tous les instants, d'autant que certains font sciemment l'amalgame avec les problèmes du Moyen-Orient et essayent de profiter de la situation internationale pour faire avancer leurs idées. Pour cela tous les moyens sont bons, d'ailleurs…

– Excuse-moi de t'interrompre, mais si j'analyse la

situation, je pense que les médias et particulièrement en France sont orientés et remettent sans vergogne de l'huile sur le feu.

– Comment ?

– C'est simple. Il y a plusieurs manières de donner l'information. Soit tu en occultes une partie, résultat, l'info est tronquée et sortie de son contexte, soit les commentaires qui accompagnent ces infos sont de telle sorte qu'ils assènent leur vérité ou leur interprétation des faits. Ce qui revient à dire que les journalistes ne font pas leur métier d'information impartiale et manipulent les idées à leur convenance. Il est vrai que certains titres font vendre plus que d'autres, mais leur responsabilité est énorme. On pourrait parfois se poser la question de savoir si eux-mêmes ne sont pas orientés et dans ce cas, par qui ?

– Honnêtement j'espère que non. Bien que je me pose également ce genre de question…

– Alors explique-moi pourquoi, lorsqu'il y a un attentat en Israël et que les victimes sont des civils, la presse annonce le chiffre des morts et des blessés sans plus de commentaires, en oubliant de mentionner l'âge des victimes lorsqu'il s'agit d'enfants, mais n'oublie jamais de le faire, avec insistance, lorsqu'en représailles l'armée israélienne fait des victimes chez les Palestiniens. Que doit faire Israël face au terrorisme aveugle, lire le journal ? Baisser la tête en attendant que ça se passe ? Que ferait l'Etat français dans ce cas ? Tu sais, j'habite un pays ou la population ne rêve que de paix…

– Je sais. Tu connais mes sentiments à ce sujet. Tu n'as pas besoin de chercher à me convaincre. Si tu veux nous reprendrons cette conversation plus tard. Aujourd'hui nous avons un problème. Mais avant, dit Gilles en lui tendant la carte du restaurant, passons la commande, je meurs de faim. Choisis ce qui te fait plaisir, c'est mon gouvernement qui t'invite.

Ils mangèrent de bon appétit, évitant d'un commun accord de parler du problème qui, aujourd'hui, les réunissait. Ce n'est qu'au moment du café que la situation des kidnappés fut enfin abordée.

– Bon, attaqua Samuel, je pense que nous ne devons rien nous cacher. Dis-moi franchement tout ce que tu sais. Si c'est nécessaire, je compléterai. Ainsi nous gagnerons du temps.

– Samuel, répondit Gilles, tu ne cherches pas à me manoeuvrer ?

– Non. Mais je suis comptable de la vie de la famille Kaplan. Le temps passe, et plus il passe, plus les chances de les retrouver vivants s'amenuisent.

Gilles scruta le visage de Samuel. Bien qu'ils soient bons amis, chacun d'eux appartenait à un gouvernement différent et bien que leurs intérêts soient liés dans cette affaire, ils auraient des comptes à rendre en finale. Samuel ne tiqua pas sous la pression du regard de son ami. Celui-ci décida qu'il pouvait lui faire confiance.

– Nous sommes parfaitement au courant de l'enlèvement, comme nous sommes parfaitement au courant de la première demande ridicule des Irakiens. Nous connaissons la teneur de la deuxième condition, ridicule elle aussi. Mon gouvernement ne peut pas se permettre d'accéder à cette injonction. Les relations entre les Américains et nous sont tendues au point qu'il suffirait qu'un petit malin mange le morceau pour que les G.Is débarquent à nouveau en France, mais cette fois pas pour nous délivrer, mais pour nous foutre la pâtée.

– Et si, pour foutre la merde, les Irakiens, en guise de représailles, dans le cas où ils estimeraient que nous mettons de la mauvaise volonté à obtempérer, lâchaient eux-mêmes le scoop à la presse ?

– Dans ce cas, bonjour les dégâts. C'est la raison pour laquelle je suis d'accord avec toi, nous n'avons pas de temps à perdre. J'ai carte blanche pour coopérer avec toi. Inutile de te dire que dès que nous avons appris, par l'ambassade d'Israël, ça date de quelques heures, l'enlèvement et les conditions édictées, nous avons fait notre propre enquête. En fait nous n'avons jamais cessé de le faire. Les Irakiens, tout comme les autres ressortissants des pays du Moyen-Orient, sont dans notre collimateur depuis un certain temps. Avant que ton ambassade nous avise, nous avions déjà des infos. Nous savions, mais nous attendions que vous vous décidiez à nous en parler. C'est comme ça que nous t'avons suivi à la trace, ajouta-t-il en souriant.

– C'est-à-dire ?

– Jolie la brune de la rue de Naples, dit-il avec un clin d'œil. Tu n'as pas perdu la main.

– Vous étiez sur place ?

– Il n'y a pas que le Mossad qui sait travailler. Bien sûr que nous étions là, comme nous étions là quand ils vous ont embarqués dans la camionnette. Nous étions prêts à intervenir, mais vous vous êtes débrouillés sans nous. Nous avons même passé la nuit devant l'immeuble de l'avenue de Suffren. Nous connaissions l'adresse de la copine de Saddam et nous n'avons pas été surpris de nous retrouver devant chez elle. J'ai bien rigolé quand vous avez embarqué à votre tour les Irakiens. En revanche, le chauffeur de la camionnette, qui devait se douter qu'il était filé, nous a semés, si bien que nous ne savons pas où vous les avez emmenés.

Samuel fit un vague geste de la main. La question qui n'en était pas une resterait sans réponse. Gilles poursuivit.

– Dès que nous avons eu connaissance de l'enlèvement des Kaplan et des suites, ce qui en fait ne nous a pas réellement surpris…

– Pourquoi ?

– Il y avait plus de mouvement qu'à l'habitude autour de l'ambassade et…

– Parce que, là aussi, vous nous surveillez ?

– Disons plutôt que nous menons une discrète protection. Ne fais pas le naïf, tu le sais bien, tous les services se surveillent entre eux. Ce n'est pas nouveau.

– Oui, mais ça me fait plaisir de te l'entendre dire, comme de savoir que tu es, en quelque sorte, mon ange gardien. Si je ne me retenais pas, je te prendrais dans mes bras pour te faire une grosse bise.

– C'est malin. Pour te faire plaisir j'ajoute que votre arrivée à l'aéroport est passée inaperçue. Pourtant nous avons du monde aux frontières. Vous étiez déguisé en quoi ?

– En espions, c'est la seule façon de passer inaperçu, en général on ne s'attend pas à les voir à visage découvert. C'est le métier, répondit Samuel en souriant. As-tu autre chose à ajouter ou je prends le relais ?

– Non. Vas-y je t'écoute.

– Nous avons découvert à qui appartenait la voix des messages.

– Je sais.

Sans tenir compte de l'interruption, Samuel poursuivit. Il raconta comment il s'était fait ferrer par Liza et comment il était volontairement entré dans le jeu des Irakiens. – C'était risqué, dit-il, mais c'était la seule piste qui se présentait –. Il parla de tout. Il oublia seulement de faire mention de la liste découverte derrière la photo de Bagdad. Tout bon joueur de cartes sait qu'il faut protéger ses jokers, qui le cas échéant, pouvaient servir de monnaie d'échange.

– Quelle suite penses-tu donner à ton enquête ? questionna Gilles.

– Ainsi que je te l'ai dit, tous les chemins mènent au "Ciel de Beyrouth". Je pense y aller dîner.

– Quand ?

Samuel réfléchit rapidement. Ou bien Gilles lui tendait un piège pour mesurer sa sincérité, ou bien il n'était pas au courant. Il opta pour la première solution.

– Ce soir.

– Tu m'invites ?

– Non. C'est une opération dangereuse…

– Ça ne m'effraie pas.

– C'est une opération privée. De plus, si je suis découvert, tu le seras en même temps que moi. Non, je crois plus sage de t'avoir en deuxième ligne, anonyme et protecteur. Tu sais… la politique de la file indienne.

– Bien que ce ne soit pas dans la logique de notre collaboration, je suis d'accord. Qu'est-ce qu'on fait maintenant ?

– Toi, je ne sais pas. Moi, je dois assister à une réunion. D'ailleurs il est presque l'heure. Donne-moi ton numéro de portable, je t'appellerai après. Je te dirai quelles sont nos conclusions. Je te laisse payer, dit-il en se levant. Remercie ta hiérarchie pour l'invitation.

– Il n'y a pas de quoi. Dis-moi, avant de partir, juste une question.

– Je t'écoute.

– Leïla est-elle vraiment la maîtresse de Saddam ?

– Je l'ignore. C'est une belle femme, intelligente et dangereuse. Mais, je crois que tu n'as aucune chance, elle n'aime pas les blonds.

Avram attendait en double file. Samuel s'engouffra dans la voiture. Ils prirent la direction de la rue de Naples, il voulait voir si tout allait bien de ce côté. Sur son portable il composa le numéro de Moshé.

– C'est moi.

– J'attendais ton appel. Comment as-tu trouvé ton renfort ?

– J'ai été très content de le revoir.

– Qu'en penses-tu ?

– C'est un Français et il travaille pour son gouvernement.

– Ce qui veut dire ?

– Qu'il ne fera rien qui puisse gêner la politique de la France, mais je sais qu'il fera tout son possible pour nous aider. Je serai là, comme convenu, à dix-sept heures. En attendant je voudrais qu'on mette Leïla en lieu sûr, tout comme je souhaiterais qu'on assure une protection à Liza. Son studio est aussi connu par tous les services secrets que la Tour Eiffel par les touristes du monde entier. C'est urgent. Je trouve que les Irakiens, qui se sont probablement rendus compte de l'absence de Leïla et du banquier, sont trop calmes. Il y aura, c'est certain, une réaction, mais où ? C'est bien là le problème.

– Ok.

Avram trouva une place juste devant l'immeuble. Les deux hommes sortirent de la voiture non sans jeter un regard circulaire autour d'eux. Tout semblait calme. Ils grimpèrent les étages au pas de course. Samuel écouta à la porte. Aucun bruit. Rien de suspect. Il ouvrit avec sa clef. Leïla se tordait de rage sur son fauteuil. Liza somnolait devant la télé allumée dont le son avait été coupé. Samuel délivra Leïla de ses liens. Cette dernière se frotta les poignets. Ses yeux lançaient des éclairs. Elle eut cependant l'intelligence de ne pas crier. Maintenant elle toisait Samuel avec mépris.

– J'étais certaine qu'on ne pouvait pas faire confiance aux Israéliens. J'ai répondu à toutes vos questions. Votre traitement est inhumain. Que voulez-vous de plus ?

– La vérité. Rien que la vérité. Je me suis trompé sur vous. Je vous croyais un simple maillon. Or vous êtes probablement bien plus. Alors tant que vous ne vous serez pas décidée à dire tout ce que vous savez, je vous garderai au chaud. J'ai de la patience, vous finirez bien par craquer. En attendant, vous resterez ici et, pour plus de sécurité, attachée.

Ils étaient là depuis une demi-heure lorsque la sonnette de la porte retentit. Avram se précipita sur Leïla, qu'il bâillonna de peur qu'elle ameute tout le quartier, tandis que Samuel, sans se presser, se dirigea vers la porte. Après un bref regard dans l'œilleton, il ouvrit la porte en grand, laissant le passage à deux jeunes femmes.

– C'est ici la surprise-partie ? dit l'une d'elle en souriant.

Samuel les fit entrer dans le salon. L'une, celle qui venait de parler, était vêtue d'un ensemble de cuir noir, d'une paire de bottes en cuir noir elles aussi qui soulignaient ses genoux épais et ses cuisses fortes que cachait à peine la mini jupe. Les cheveux noirs coupés courts. Pas de maquillage si ce n'était le trait noir qui entourait ses yeux, noirs aussi. Son tee-shirt contenait avec peine une poitrine généreuse qui avait l'air d'impressionner Avram. Elle semblait être le chef de ce renfort féminin. L'autre jeune femme était en jeans, basket et blouson de coton. Elle n'était ni jolie ni laide. Seul son regard était surprenant. Froid, métallique, sans expression. Nul doute que l'ambassade avait envoyé ses deux meilleurs éléments. Samuel fit rapidement les présentations, donna ses instructions, s'assura qu'elles étaient armées.

– Liza, je viendrai te prendre vers vingt heures pour dîner. S'adressant aux deux gorilles féminins, il les invita à le suivre dans la cuisine.

– Je suppose que vous savez pourquoi vous êtes ici.

– Oui, répondit la brune. On remet le colis au livreur qui va venir le chercher. Il l'embarque pour le déposer à la consigne et nous, on reste ici pour assurer la protection de Liza.

– Très bien, mais en plus vous êtes invitées à dîner ce soir avec nous.

– Ça n'est pas dans le contrat. Nous sommes là pour le service, pas pour la bagatelle.

– Ça vient de changer, le dîner fait partie de votre mission. Soyez prêtes pour vingt heures. Habillées bon chic bon genre. À tout à l'heure. – S.Y.. se ravisa. – N'oubliez pas de prendre du matériel léger. Surtout pas voyant. Là où nous allons, ils ont l'œil. Ils sont capables de renifler l'artillerie à cent pas. Comment vous appelez-vous ?

– Sylvia.

– Moi c'est Éva, ajouta la blonde.

– Moi c'est André. Mon copain c'est Albert.

Arrivé au rez-de-chaussée, Samuel frappa à la porte de la loge du concierge. Il n'y avait pas de lumière, pas davantage de gnome. Légèrement dépité, il monta dans la voiture qu'Avram avait avancée. Il avait l'air contrarié.

– Un problème ? S'enquit Avram.

– Non, pas vraiment. Juste un rendez-vous manqué.

– Au moment où ils démarraient, une ambulance s'arrêta devant eux. Il en sortit deux infirmiers qui s'engouffrèrent dans l'immeuble. Samuel en reconnut un comme étant un agent du Mossad. Ils attendirent. Au bout de quelques minutes les deux hommes ressortirent en faisant rouler un brancard sur lequel reposait Leïla endormie. Le colis était en livraison. Avram démarra enfin, ses yeux scotchés sur le rétroviseur.

– Tu crois que nous sommes suivis ? demanda Samuel.

– Non, mais je préfère être sur mes gardes.

– À propos, les filles viennent dîner avec nous ce soir. Pour la circonstance tu t'appelleras Albert.

– Où allons-nous ?

– Tu le sauras pendant le briefing.

– La brune vient aussi ?

– Oui. Pourquoi ? Elle te plaît ?

– J'avoue que c'est bien mon genre.

– Attention Avram, le dîner de ce soir n'est pas une partie de plaisir. Nous y allons pour le boulot.

– Dommage.

– Mais, ajouta Samuel en souriant, il peut y avoir plus si affinités. À toi de voir. Dépose-moi devant l'Hôtel de Ville, je ferai le reste du chemin à pied. Si je suis filé je m'en rendrai plus facilement compte. Quant à toi, gare la voiture assez loin et fais comme moi. Méfie-toi, les Irakiens ont plus d'un tour dans leur sac.

Il était dix-sept heures passées de seulement trois minutes lorsque Samuel fit tintinnabuler les clochettes de la porte de la mercerie. Tout le monde était arrivé, même Avram. Ils étaient cinq autour de la table à boire le thé et à déguster les gâteaux de Martha tout en discutant entre eux. Moshé, lui, était légèrement en retrait, son éternel cigarillo vissé entre les dents. La maîtresse de maison, rouge de plaisir, s'affairait autour des doulos. Tout cela ressemblait à la réunion d'une bande de copains après un match suivit à la télé. Le brouhaha cessa immédiatement à l'entrée de Samuel. Martha rompit le silence.

– Tu ne crois pas, Moshé, que tu pourrais éteindre ton affreux cigare qui empeste ? Tu peux fumer si tu veux, mais pas devant les petits. De plus, ça donne mauvais goût à mes gâteaux.

Moshé sursauta sous la remarque tandis que ses

hommes avaient du mal à retenir un sourire. L'idée du chef se faisant tancer devant eux par une vieille dame comme un gamin pris en faute ne manquait pas de piquant. Il était rare de voir Moshé décontenancé. En fait il ne savait pas vraiment quelle attitude adopter. Éteindre son mégot de quatre sous correspondait à une capitulation de sa part, ce qui risquait de saper son autorité. Tout au moins, c'était ainsi qu'il le voyait. Ne pas écraser son cigarillo appelait d'autres remontrances, plus vives cette fois. C'est alors que Samuel vint à son secours. Il lui fit signe de passer dans la chambre, ils avaient besoin de se concerter avant d'entamer la discussion. Soulagé de cette trêve qui lui sauvait la face, Moshé se leva et fut stoppé net dans son élan par Martha.

– Moshé, je t'ai déjà dit que je ne voulais pas de cette affreuse odeur de tabac dans ma chambre.

– Tu m'énerves, dit-il en prenant avec lui le cendrier.

– Moshé !!! Tu ne rentreras pas dans ma chambre avec ton cigare, dit Martha en se mettant devant la porte les bras en croix, ou alors il te faudra passer sur mon corps, ajouta-t-elle en souriant.

– Mon Dieu, non. Pas ça !

Finalement, il écrasa son cigarillo dans le cendrier, qu'il posa précautionneusement sur la table.

– Tu n'es guère galant, minauda Martha tout en riant.

Moshé haussa les épaules et pénétra dans le sanctuaire de leur hôtesse, suivi de Samuel.

– Tiens Samuel, voici les plans de tous les étages de l'immeuble où se tient le restaurant. C'est ton copain Gilles Le Brennec qui me les a fait porter. Tu crois que les Kaplan sont détenus là ?

– Sincèrement je ne sais pas. J'avoue que je préférerais, ça nous ferait gagner du temps.

– Si c'est le cas, comment vas-tu t'y prendre et pourquoi as-tu réduit l'équipe qui devait t'accompagner ?

Samuel ne répondit pas. Il était absorbé par la lecture des plans. Outre le rez-de-chaussée où se situait le restaurant avec ses dépendances, il y avait six étages y compris les chambres de service et deux sous-sols de caves. C'était un immeuble mixte, habitations et professions libérales. Un cabinet d'avocats, un dentiste et un psychiatre. En annexe du dossier, Samuel trouva la répartition des lots. Chacun des occupants avait deux chambres au sixième et deux caves au premier sous-sol, en revanche le restaurant disposait de toutes les caves du deuxième sous-sol, avec une entrée indépendante. C'est cette partie du plan que Samuel étudiait avec attention. C'était l'endroit idéal pour séquestrer les Kaplan et, si c'était le cas, le plus difficile d'accès. Il fallait d'abord franchir la porte sur la rue, traverser un long couloir jusqu'à une porte vitrée, probablement fermée et que l'on ne pouvait ouvrir qu'avec le code, donnant sur une cour jardin. Au fond deux autres portes, l'une qui menait par un escalier au premier sous-sol, l'autre par un escalier plus profond menant au deuxième niveau, à côté duquel se trouvait un monte-charge. Était jointe aux documents la liste des digicodes qui permettaient l'ouverture de tous les accès. Seul manquait le code du deuxième escalier des caves et ça Samuel ne pouvait pas ne pas le remarquer. Il revint un instant sur le plan du restaurant, mémorisant l'emplacement des cuisines, des chambres froides. Il s'assura une nouvelle fois que l'immeuble n'avait pas une deuxième sortie sur l'arrière. Au bout d'un moment il replia les feuilles et les tendit à Moshé.

– Tiens, j'ai vu ce que j'avais à voir. À propos tu m'as posé une question ?

– Non, deux !

– En fait je ne sais pas. Si j'acquiers la certitude que les Kaplan sont là j'improviserais en comptant sur l'effet de surprise. Sinon je ne ferai rien. Quant à ta deuxième question, la réponse découle de la première. Tous les hommes seront là, mais à des endroits stratégiques et ils ne bougeront que sur mon ordre. Si tu es d'accord, nous allons retrouver les autres. Je vais leur dire ce qu'ils auront à faire.

– Attends, j'ai du nouveau concernant l'appui des services français.

– C'est-à-dire ?

– Je pensais bien que tu allais tenter quelque chose ce soir. Tous les indices nous amènent au "Ciel de Beyrouth". Les autorités françaises vont nous faciliter le travail. Mais c'est donnant donnant. Leurs agents vont nous aider et…

– Comment ?

– Ils ont déjà garé quelques voitures à proximité du restaurant et posté des hommes dans le secteur.

– J'espère qu'ils ne seront pas trop voyants.

– Fais-leur confiance. Eux aussi ils connaissent leur boulot. Je continue. En cas de problème pour la sortie des otages, s'ils sont là, ils vous couvriront.

– Je ne les veux pas dans l'immeuble.

– Ils n'y seront pas. En revanche, ils seront prêts à fermer la rue pour protéger les promeneurs en cas de fusillade.

– C'est quoi le donnant donnant ?
– Nous les aidons à faire rebrousser chemin aux cargos qui mouillent au large de l'Irak, mais ils y mettent une autre condition.
– Laquelle ?
– Ils souhaitent que ce soit toi qui mènes les opérations.
– Pourquoi moi ?
– Ils pensent peut-être que tu es le meilleur. J'imagine que Gilles y est pour quelque chose. Allons retrouver les autres.
– Un instant encore. Pourquoi les Français ne le font-ils pas tout seuls ?
– Parce qu'ils ont besoin d'une logistique dans la région et qu'ils craignent que les Américains ne la leur refusent. Ils pensent que si c'est nous qui la demandons, nous l'obtiendrons.
– Pourtant la France a les moyens de nous la fournir.
– Oui, mais les délais sont trop courts pour qu'ils aient le temps de les acheminer. Israël s'est déjà rapproché des autorités militaires américaines. De plus, tu sais très bien qu'Israël préfère régler ce problème lui-même. Nous en saurons plus un peu plus tard. En attendant nous avons autre chose à faire.

Leur discussion avait duré près d'une demi-heure. Il n'y avait plus de gâteaux dans les assiettes. Les hommes avaient profité de l'absence des chefs pour faire plus ample connaissance, apprendre à mieux se connaître, renforcer ainsi leur cohésion en cas d'action violente. Les conversations étaient amicales. Ils savaient pourquoi ils étaient là et étaient animés de la même volonté. Samuel s'inséra dans le tour de table. Moshé, de nouveau, s'installa à l'écart, mais face à Samuel. Son rôle se bornait à celui d'un observateur, ce qui ne l'empêcherait pas de communiquer par des mimiques à Samuel de son accord ou de son désaccord. Ostensiblement il alluma un de ses fameux cigarillos tout en regardant Martha droit dans les yeux. Après tout, c'était lui le patron. Elle comprit que la réunion allait commencer et se retira dans la cuisine en prenant soin de fermer la porte.

Le silence était maintenant rétabli. Samuel exposa rapidement la situation.

– C'est peut-être pour ce soir. Si c'est le cas, il nous faudra agir très vite. Dans le restaurant, il y aura Avram et moi, accompagnés de deux femmes. Attention, Liza, ma cavalière, ne fait pas partie du groupe. Elle risque même d'être le maillon faible. En fait elle avait été engagée par les Irakiens pour me piéger. Elle a changé de bord, mais elle peut être reconnu.

– Pourquoi prendre un tel risque ? Questionna Zoav. Qui l'a engagée ?

– Leïla. C'est d'ailleurs d'elle que Liza recevait ses instructions. En revanche elle a aperçu, sans avoir de contact, certaines personnes qui gravitaient autour de Sa Dame. Si par chance elle en reconnaissait au moins un, nous gagnerions du temps. D'autres questions à ce sujet ?

Zoav leva la main.

– Qu'est ce qui lui a fait changer de camp ?

– L'amour, bien sûr, intervint Simon.

Samuel fit un geste de ses deux mains, montrant ainsi qu'il n'y était pour rien mais qu'il acceptait l'explication. Zoav insista.

– Elle sait pour ce soir ?

– Oui, mais je crois pouvoir lui faire confiance. Elle sait qu'elle aurait des problèmes avec les Irakiens en les prévenant. Ils se seraient méfiés et l'auraient passé à la question. Compte tenu de ses relations avec eux, elle a choisi son camp. Te voila rassuré ?

– A moitié. Qui aura l'œil sur elle pendant la soirée ?

– Moi, Avram et la femme qui l'accompagnera. En l'occurrence Sylvia, ajouta-t-il avec un sourire destiné à Avram. J'espère que tu n'y vois pas d'objection, dit-il à ce dernier.

– Aucune, répondit-il en donnant une bourrade sur l'épaule de Samuel.

– Avant de poursuivre, je dois vous informer qu'Avram est amoureux de Sylvia et qu'il serait malvenu que l'un d'entre vous fasse la cour à cette jeune femme. Tout au moins en sa présence.

Avram n'était pas du genre à se laisser décontenancer facilement. Ce petit homme dont les muscles gonflaient sa peau de tous côtés, qui ne craignait personne et dont les yeux étaient sans cesse en mouvement, piqua un fard de la racine de ses cheveux jusqu'à son cou de taureau. C'était presque émouvant de voir ce baroudeur écarlate. S'ensuivirent quelques remarques égrillardes que Samuel stoppa aussitôt en tapant sur la table du plat de la main.

– Un peu de silence. Je poursuis. Simon aussi sera dans le restaurant, accompagné d'Éva, un autre agent de la sécurité.

– Lui aussi est amoureux ? Questionna Zoav.

Samuel le foudroya du regard.

– Nous avons une mission à remplir. Elle ne peut réussir qu'avec une discipline de fer. Je croyais avoir réclamé le silence ? Il me semble que tout le monde ne m'a pas entendu. Je n'accepterai maintenant aucune intervention de quelque sorte que cela soit. Si vous avez quelque chose à dire, levez la main, je vous donnerai la parole. – Il regarda chacun des hommes droit dans les yeux – et seulement si je le juge nécessaire. À partir de maintenant, considérez-vous engagés dans l'action. De notre totale cohésion dépend la réussite de notre entreprise. Me suis-je bien fait comprendre ?

Samuel attendit quelques secondes avant de reprendre l'exposé de son plan. Un silence total s'était imposé. Il flottait dans l'air une impression studieuse. Semblables à des étudiants, les mossadiens écoutaient leur chef avec attention.

– Nous serons tous munis de petits vibreurs parfaitement silencieux reliés les uns aux autres. Si bien que chaque fois que l'un d'entre vous l'actionnera, tout le monde sera averti en même temps. Un coup, on ne bouge pas quoiqu'il arrive. Deux coups, la voie est libre. Une série de coups, danger on dégage. Un coup prolongé, c'est un appel à l'aide. J'ai étudié le plan de l'immeuble. Si les Kaplan sont séquestrés là, ils ne peuvent être que dans les caves du deuxième sous-sol. Nous allons faire comme si. Les problèmes que nous allons rencontrer sont de tous ordres…

Il ne fallut qu'un petit quart d'heure à Samuel pour exposer son plan. Moshé approuva. Chacun savait ce qu'il avait à faire. Ils s'en allèrent les uns après les autres. Samuel resta seul avec Moshé. Les deux hommes étudièrent une nouvelle fois le plan de bataille.

– C'est hasardeux, décréta Moshé. Il te faudra avoir de la chance, beaucoup de chance. – Sa voix s'éteignit dans un murmure – Oui, beaucoup de chance, reprit-il en fixant Samuel. Crois-tu pouvoir réussir ?

– Après réflexion, je suis certain maintenant que les Kaplan sont là-bas. On ne peut pas attendre si on veut les sortir des griffes des Irakiens sains et saufs. Quant à savoir si je peux réussir, je ne sais pas. En revanche, s'ils sont là-bas, quoiqu'il arrive je ne partirai pas sans eux.

Dans le regard du jeune homme brillait une détermination sans équivoque. Moshé le connaissait bien. Si quelqu'un pouvait réussir cette dangereuse mission, ce ne pouvait être que Samuel.

– Va et que Dieu soit avec toi.

Après avoir serré Martha dans ses bras et reçu l'accolade de Moshé, Samuel prit congé.

– Étant donné que tu ne dors jamais, dit-il en souriant, je te passerai un petit coup de fil après l'opération. D'ici là sois relaxe. Regarde un film à la télé et gave-toi des gâteaux que Martha va te cuisiner. Mais fais tout de même attention, j'ai l'impression que tu t'empâtes.

– Sauve-toi avant que je ne te corrige.

Les clochettes tintinnabulèrent au passage de S.Y.. Il s'engouffra dans la voiture d'Avram, qui le guettait depuis le coin de la rue.

Chapitre IX

Toutes les têtes pensantes des services secrets irakiens agissant à Paris étant hors-circuit, à l'exception du patron de la cantine de Beyrouth, Samuel avait le champ libre pour la surprise-partie de ce soir. Il avait beaucoup d'autres choses à apprendre sur leurs opérations passées, présentes et à venir. Démanteler leur réseau pouvait aussi lui donner des informations sur les organisations terroristes à travers le monde. Nul doute que Gilles serait satisfait de prendre en charge tout ce beau monde et que les services qu'il dirigeait se délecteraient du plaisir d'apprendre ce qui se tramait sur le sol français, sans oublier le cadeau qu'il lui ferait, à savoir la fameuse liste des fournisseurs d'armes de l'Irak, sur laquelle il trouverait quelques hommes d'affaires exerçant dans l'Hexagone. Mais ça, il se le gardait en réserve, pour la bonne bouche, pour l'éventualité d'une action commune dans la mer d'Oman. Il ne pouvait oublier que l'affaire des otages ne trouverait son dénouement que lorsque les cargos français auraient fait demi-tour et retrouvé leur chargement initial. Le seul hic, pensait Samuel, était la position que pouvait prendre le gouvernement français, vis-à-vis de ces malfrats, en raison de sa politique étrangère et du fait qu'il souhaitait ne pas mécontenter les pays arabes. Durant le trajet qui le menait rue de Naples, Samuel resta silencieux. Il reprenait sans cesse toutes les options possibles pour le coup de main de la soirée. Il envisageait toutes les sortes de situations qui pouvaient se présenter. Chacune d'elles l'amenait à la même conclusion : il fallait que ce soit pour ce soir. Il comptait sur l'effet de surprise, tout en sachant pertinemment que les Irakiens les attendraient peut-être, souhaitant eux aussi profiter de l'effet de surprise. Une de ses devises favorites était de ne jamais sous-estimer l'adversaire surtout quand cet adversaire avait déjà prouvé ses compétences.

La nuit était tombée sur Paris. Une de ces nuits claires où le ciel n'est ni noir ni bleu, où la lumière bleutée résiste à la pénombre. Il faisait doux. Cette soirée n'aurait dû être consacrée qu'aux promenades amoureuses. Déjà on pouvait voir quelques couples enlacés déambuler sous les réverbères allumés. Samuel s'amusa un instant du jeu de l'ombre qui s'allongeait derrière les promeneurs à l'approche de la lumière pour se raccourcir et disparaître sous l'éclairage et enfin réapparaître devant eux, comme s'ils voulaient repousser leur ombre pour éviter de lui marcher dessus.

– Tu m'offres une cigarette ? demanda-t-il à Avram.

– Depuis quand fumes-tu ? répondit ce dernier, surpris.

– Je ne fume pas.

– Alors tu ne sais pas ce que tu veux.

– Si, je veux m'occuper les mains.

– Pourquoi, tu es nerveux pour ce soir ?

– Oui, je pense aux Kaplan. Je pense à leurs enfants. Ils ont huit et douze ans. Imagine le traumatisme qu'ils subissent.

– Oui, répondit Avram en tendant son paquet de *Marlboro*.

Samuel prit une cigarette, joua quelques instants avec et la porta à sa bouche, tandis qu'Avram lui présentait la flamme de son briquet qu'il refusa. Au bout d'un moment le cylindre de tabac, déchiqueté, était réduit à l'état de débris et finit sa course dans le cendrier. Avram haussa les épaules.

– Au prix où sont les cigarettes, c'est du gâchis !

Ils n'échangèrent plus une seule parole durant le reste du trajet. Lorsqu'ils passèrent devant la loge du concierge, rue de Naples, la lumière était éteinte. Samuel regretta de ne pas rencontrer ce gnome hideux pour lequel il avait une certaine tendresse. Il savait qu'il le retrouverait sur sa route. Peut-être alors saurait-il enfin qui était ce curieux bonhomme qu'il croisait toujours dans les moments difficiles, comme pour l'avertir d'un danger imminent.

Il ouvrit la porte sans faire de bruit, espérant surprendre les trois filles. À peine avait-il pénétré dans l'appartement qu'il reçut sur le dos une panthère toutes griffes dehors, qui d'un bras lui enserrait le cou et de l'autre lui faisait une clé, tandis qu'une autre panthère le braquait avec un pistolet qui n'avait pas l'air d'un jouet comme en trouve un gamin devant la cheminée le matin de Noël.

– Oh ! Pardon, dit Sylvia en lâchant Samuel.

– Ah ! C'est vous, renchérit Éva en glissant son arme dans la ceinture de son jeans. Ce n'est pas prudent de ne pas avertir avant d'arriver. Un mauvais coup est vite arrivé.

Samuel sourit. Il les félicita pour leur professionnalisme et pour se donner bonne contenance, ajouta qu'il l'avait fait exprès afin de tester leur vigilance.

– Vous croyez qu'il n'y a que les hommes qui sont capables de réagir ? intervint Sylvia.

– Loin de moi cette pensée. Je ne suis pas sexiste. En tout cas vous m'avez persuadé qu'on pouvait vous faire confiance. Nous risquons d'en avoir besoin ce soir. Pendant que j'y pense, je crois, poursuivit Samuel en fixant Sylvia, qu'Avram aurait préféré que ce soit à son cou que vous vous suspendiez.

– C'est vrai ? dit-elle en fixant ce dernier.

Avram bredouilla une réponse totalement inaudible. Ses pommettes se pigmentèrent de rouge vif. Il se cogna contre la porte en entrant dans le salon où Liza, sereinement, feuilletait un magazine.

– Qu'il est mignon, murmura Sylvia. – S'adressant à Samuel – Il est toujours aussi timide ?

Ce dernier ne répondit pas. Il fit seulement un geste vague et pénétra à son tour dans le salon suivi des deux femmes. Il leur expliqua leur mission, donna à chacune des instructions précises, ajouta qu'il fallait libérer l'appartement précisant que c'était la seule adresse que les Irakiens connaissaient et, qu'après l'opération de ce soir, ils investiraient l'endroit à coup sûr.

– Prends tes affaires, Liza, nous partons.

– Où ?

– À l'hôtel.
– Mais j'ai un chez moi.
– Ils connaissent ton adresse ?
– Je ne crois pas.
– Mais tu n'en es pas certaine. Dans le doute, on s'abstient. En conséquence, tu me suis.

Ils partirent les uns après les autres, de cinq minutes en cinq minutes. Avram avait glissé un mot à l'oreille de Sylvia. Il attendrait les deux filles au coin de la rue de Naples et du boulevard Malesherbes en ayant pris soin que personne n'était suivi. Samuel et Liza appelèrent un taxi qui les mena au Grand Hôtel intercontinental, près de la place de l'Opéra. Ils avaient plus d'une heure devant eux avant d'aller dîner. Samuel avait peu dormi la nuit précédente, un bain bien chaud devrait le décontracter et une petite sieste lui semblait nécessaire. Malgré son inquiétude quant aux événements à venir, il s'endormit presque aussitôt non sans avoir réglé son réveil.

Huit heures venaient de sonner. Samuel s'était arrangé pour qu'un chauffeur de l'ambassade vienne les chercher. Il s'habilla d'un costume noir, d'une chemise de la même couleur dont il garda le col ouvert, ce qui mettait en valeur son teint bronzé et l'éclat de ses yeux bleus. Il était calme et méthodique. Il prit son temps. Vérifia ses armes. Retira à plusieurs reprises son automatique de son holster afin d'en vérifier la glisse. Satisfait, il scotcha un petit revolver sur le côté de sa jambe droite. Sur la gauche il posa un poignard dont il maintint l'étui à l'aide d'un sparadrap posé tout autour de son mollet. Il contrôla que la boucle de son ceinturon contenait bien du gaz lacrymogène. Il joua un instant avec le vibreur qu'il enfouit dans la poche de son pantalon. De sa mallette il retira un pain de plastic et une mèche, qu'il enfouit dans la poche intérieure de sa veste. Il était près de vingt heures trente, le chauffeur de l'ambassade devait les attendre. D'une petite pression sur le remontoir de sa *Rolex*, il engagea sa position. Désormais Moshé saurait à tout instant où il se trouvait. Liza le regardait faire mais ne semblait pas avoir peur. En revanche elle fut surprise lorsque Samuel lui tendit une petite arme à ranger dans son sac. Elle accepta sans rien dire. Ce n'est qu'au moment où il scotcha une autre arme sur sa cuisse qu'elle se rendit compte que le dîner de ce soir n'était pas seulement une partie de plaisir et que les plats risquaient d'être chauds et même brulants.

– Ce n'est pas pour toi, la rassura-t-il, c'est pour moi en cas de besoin.

– Tu me prends pour une armurerie ambulante ?

– Je ne voudrais pas t'effrayer, mais il se peut que toi-même tu en aies besoin.

– Mais je ne sais pas m'en servir.

– Ne t'inquiète pas, on apprend vite.

– Crois-tu que ma présence soit bien nécessaire ? dit-elle apeurée.

– Oui, j'ai vraiment besoin de toi.

Liza le regarda intensément. Il était beau, il faisait bien l'amour, elle ne pouvait pas se cacher qu'elle était amoureuse de ce soi-disant corrézien vendeur de lingerie féminine, qui lui avait menti sur les raisons de son séjour à Paris. Elle avait deviné, et pour cause, qu'il était israélien et appartenait aux services secrets de son pays. Elle hésitait. Finalement elle décida de lui faire confiance.

– Ce n'est pas dangereux de poser ce pistolet sur ma cuisse ? Imagine que le coup parte tout seul. Je ne suis pas une "James Bond's girl".

– La sécurité est engagée. Il n'y a pas de problème. Tu ne crains rien, dit-il en riant franchement. Au pire, tu ne peux que te tirer une balle dans le pied.

Durant tout le temps de cette conversation Liza s'était habillée. Elle était vêtue d'une robe noire qui lui moulait le corps comme une seconde peau. Un décolleté profond, à donner le vertige, laissait entrevoir ce que le tissu cachait à peine. Un collier à triple rang de perles noires comblait la nudité de sa gorge et s'harmonisait avec le grain foncé de sa peau. Pas d'autre bijou, si ce n'est une montre *Chanel* noir et or qui soulignait la finesse de ses poignets. Elle claqua d'un coup sec le fermoir de son sac qui provenait de chez le même couturier, se vaporisa du nouveau parfum "Chance". Face au miroir, elle se sourit en même temps qu'elle espérait que ce nom lui apporterait la chance dont elle pensait avoir besoin. Elle se mit face à Samuel, prit une pose mannequin et fit mine de marcher comme sur un podium.

– Je te plais ?

– Tu es ravissante. On ne pourrait rêver mieux que de t'avoir à ses côtés.

Il la prit dans ses bras. Elle fit une pirouette et se dégagea.

– Je ne crois pas que ce soit le moment pour la bagatelle. Nous avons du boulot, ajouta-t-elle, d'un ton autoritaire.

Le chauffeur les attendait dans le hall. Il tenait à la main une rose rouge qu'il offrit à Liza, c'était le signe de reconnaissance. En s'installant dans la 607 Peugeot noire, Samuel donna l'adresse du restaurant, mais le chauffeur l'interrompit en lui disant savoir où il devait les conduire. En s'engageant dans la rue, près du "Ciel de Beyrouth", il roula doucement. Une voiture sortait de son stationnement, il se gara.

– Ça commence bien, dit Liza, nous avons de la chance, voilà juste une place.

Mentalement, Samuel remercia Moshé. Le chauffeur éteignit les phares, coupa le moteur. Il s'apprêtait à descendre de la voiture afin de leur ouvrir la portière. Samuel lui demanda de ne pas bouger. Il voulait observer la rue, se familiariser avec l'environnement du restaurant. Celui-ci était violemment éclairé. L'enseigne "Au Ciel de Beyrouth" clignotait de tous ses feux multicolores, tandis que la porte était encadrée de deux répliques, en stuc, réduites à la taille d'homme, de cèdres du Liban. C'était l'heure d'affluence. Le portier, casquette à la main et chamarré d'or, ne cessait de se précipiter vers les voitures qui s'arrêtaient pour accompagner les clients jusqu'à l'intérieur. À quelques pas, sur la droite du restaurant, Samuel reconnut le clochard assis dans l'encoignure d'une porte cochère. Il semblait particulièrement intéressé par le ballet des voitures. Adossé au chambranle, il fumait une cigarette, les yeux mi-clos. Il n'attirait le regard de personne et semblait faire partie du décor. Les promeneurs passaient, indifférents. Pour n'importe qui, non averti, il était invisible. Pour Samuel, il était un allié dont il pourrait se servir en cas de nécessité.

L'homme pouvait être efficace en cas de retraite précipitée. De l'autre côté de la rue, il y avait un kiosque à journaux tenu par deux vendeurs. Samuel les observa quelques instants. Un seul s'activait auprès de la clientèle et encaissait. L'autre rangeait sans cesse les piles de magazines qui n'avaient pas besoin d'être rangées. Samuel acquit vite la certitude que lui aussi était un soutien. À la station de taxis, un peu plus loin, il y avait une seule voiture. Le chauffeur semblait somnoler à son volant. Son enseigne était recouverte de sa gaine. S'il avait terminé sa journée, il aurait été plus avisé de rentrer chez lui pour dormir. Samuel reconnut là un autre soutien. Il fit le compte, ils étaient trois : le clodo, le vendeur de journaux, le taxi. Il ne compta pas le marchand de bonbons du coin de la rue, encore que ce commerçant avait choisi un endroit bizarre pour vendre ses friandises. Il ne passait que très peu de chalands. C'était un très mauvais coin pour faire des affaires. En fait la rue était quadrillée. Bien évidemment, il pensait qu'il devait y avoir d'autres agents dans les voitures en stationnement, mais il ne pouvait pas les voir. Et puis, il ne pouvait pas ignorer que Gilles avait dû placer des hommes à lui dans le secteur. En fait, à part le clochard, il ne pouvait pas être certain que les autres étaient du Mossad. Ils pouvaient aussi bien être des agents de la sécurité française. Le portier du restaurant continuait son manège. Samuel repéra les deux vigiles qui officiaient à la porte. L'un, très grand, qu'on ne pouvait pas ne pas voir, semblait être comme un poisson dans l'eau. On se demandait s'il était là pour la sécurité ou pour les relations publiques. Il serrait la main à une partie de la clientèle et faisait même la bise à quelques femmes accompagnées. En fait, à bien le regarder, son regard était de glace comme si aucune émotion ne pouvait l'atteindre. En revanche ses épaules, bien calées sous une veste ample, laissaient à penser qu'il valait mieux changer de trottoir plutôt que lui chercher des noises. Si celui-là était mondain, l'autre était plutôt sauvage. Petit, aussi large qu'un 4x4 tout-terrain, il devait en avoir la puissance. Il ne bougeait pas du pavé sur lequel il avait planté ses chaussures. Il ne souriait pas, à croire qu'il n'avait jamais appris à le faire, mais il dévisageait sans vergogne tous ceux qui passaient devant lui. Il était immobile, les mains dans le dos, les pieds écartés. De temps à autre il se permettait un balancement puis reprenait aussitôt sa pose initiale. Le plus impressionnant c'était le rictus qui le prenait par moments. Ses yeux se plissaient, sa bouche se tordait. Pourtant, entre deux tics, son visage rond avait l'air de s'apaiser. Ses yeux roulaient comme des billes de loto, dans un éternel va-et-vient destiné peut-être à accrocher le regard des autres. Quoi qu'il en soit, planté à trois mètres de l'entrée du restaurant, les gens préféraient le contourner plutôt que de se retrouver face à ce bulldozer. Mis en marche, Samuel se demanda ce qui pourrait l'arrêter. Il allumait cigarette sur cigarette qu'il coinçait entre ses dents, comme Humphrey Bogart dans le Faucon Maltais. De temps à autre, il roulait ses épaules. On aurait cru le train de la mort dévalant une rampe à la foire du Trône. Samuel repéra sans difficultés les deux bosses qui déformaient le costume croisé des deux hommes. Ceux-là étaient à craindre en cas de sortie dans la panique. L'heure tournait, Liza alluma une cigarette sous les yeux courroucés du chauffeur qui lui désigna du doigt l'affichette "prière de ne pas fumer".

– J'ai faim, dit-elle en écrasant sa *Marlboro* dans le cendrier.

Samuel ignora son interruption et s'adressa au chauffeur.

– Vous avez ce qu'il faut sur vous ?

Celui-ci opina de la tête. Toujours aussi peu loquace, il tapota sa poitrine, puis il sortit de la poche de son pantalon le vibreur qu'il agita sous le nez de Samuel. Il grimaça un sourire de connivence destiné à le rassurer. Ce dernier posa la main sur son épaule.

– À tout à l'heure, dit-il en s'extirpant de la voiture.

– Si Dieu veut.

Le portier leur ouvrit la porte en grand. Liza et Samuel formaient un couple qui passait difficilement inaperçu. Les hommes se retournaient sur la silhouette de la jeune femme tandis que les femmes fixaient le visage de Samuel. Le maître d'hôtel les conduisit à la table réservée sous le nom de Bounaix. Avram et Sylvia étaient déjà installés et semblaient s'entendre au mieux. Les deux couples se saluèrent comme s'ils étaient de vieilles connaissances désireuses de passer une bonne soirée. Le sommelier versa du champagne dans les verres. Samuel en profita pour jeter un regard circulaire dans la salle. Elle était spacieuse, il y avait un cèdre, quatre fois plus grand que ses petits frères de l'extérieur mais toujours en stuc, qui occupait tout le mur du fond ainsi que l'aurait fait une scène. À ses pieds, deux musiciens, un guitariste et un violoniste, jouaient de la musique arabe, particulièrement envoûtante. Les tables étaient bien séparées les unes des autres et permettaient ainsi une sorte d'intimité. Le service de table, luxueux, était disposé sur des nappes blanches brodées de fils de couleur. Les serveurs venaient du fond où se trouvait la cuisine. Un escalier discret, toujours en fond de salle, mais à gauche, descendait aux toilettes. Installé le dos à la grande baie vitrée, Samuel avait une vue d'ensemble. La table près de l'escalier était occupée, à sa grande surprise, par Gilles accompagné d'une jolie blonde un peu grassouillette et d'un autre couple. Lorsque celui-ci aperçut Samuel, il se leva et descendit aux toilettes. Samuel en fit autant. Ce faisant il passa devant Simon et Éva. L'équipe était en place.

Gilles se lavait les mains. Il fit signe à Samuel de se taire en désignant une porte. Ils attendirent que l'occupant libère la place. Samuel fit couler tous les robinets afin d'étouffer au mieux le bruit de leur conversation.

– Que fais-tu ici ? chuchota Samuel.

– J'ai bien le droit de m'amuser moi aussi.

– Ce n'est pas le moment de plaisanter.

– Je suis ici en mission officielle et pour te servir de couverture au cas où cela tournerait mal.

– D'accord. Je n'ai pas le temps de discuter. Nous nous expliquerons plus tard en attendant, tu ne te mêles de rien. C'est moi qui dirige les opérations.

– D'accord grand chef. Donne tes ordres.

– Ferme les robinets et tire-toi, je vais pisser.

– C'est tout ?

– Pour le moment. Ne me quitte pas des yeux. Si j'ai besoin de toi, je te le ferai savoir. À propos, tu as des hommes dehors ?

– Oui.

– Le glacier et le marchand de journaux ?

– Entre autres. Tu as bien, toi, un mendiant et un chauffeur de taxi.

Bien qu'il n'en laissât rien paraître, Samuel était satisfait de cet appui. Il reconnaissait bien là la rigueur de son ami. C'est en souriant, mais toujours en murmurant, qu'il lui répondit.

– Qu'est-ce que ça veut dire : "entre autres" ?

– Qu'il y a trois voitures banalisées à proximité, occupées par les mousquetaires du roi et prêts à venir ferrailler en cas de besoin. Qu'est-ce que tu projettes ?

– T'occupe d'Artagnan. On est trop long. Je retourne à ma place. Tu n'as qu'à suivre le mouvement.

– Tu ne pisses pas ?

– Je n'ai pas envie, répondit Samuel en mettant sa main sur la poignée de la porte. Il se ravisa, revint sur ses pas et embrassa Gilles sur le front en rigolant.

Toutes les tables étaient maintenant occupées. Samuel se dirigea doucement vers la sienne, essayant au passage de repérer les gorilles de service et surtout de localiser le patron, le célèbre Oussama. À peine fut-il assis que Liza se pencha vers lui.

– Celui-là, je le connais. Je l'ai déjà vu avec Leïla, ajouta-t-elle en désignant discrètement un homme grand, chauve et légèrement bedonnant qui discutait avec un couple attablé.

Samuel le reconnut aussitôt. C'était celui qui était venu faire du pétard chez Leïla parce que personne ne lui répondait au téléphone. Il l'avait aperçu de la fenêtre. Son image s'était imprimée dans sa mémoire. Néanmoins, il lui fallait une confirmation. Il se releva pour retourner aux toilettes. Avram, bien qu'occupé à faire la cour à Sylvia, était sur ses gardes. Lui aussi savait que la partie avait commencé et que les pièces se mettaient en place. Mais avant de jouer, il fallait essayer de savoir où étaient les cartes maîtresses de l'adversaire. Lorsque Samuel passa devant la table de Simon, Éva fit tomber sa serviette que Samuel, fort obligeamment, ramassa et lui tendit. Elle le remercia. S.Y., du bout des lèvres, demanda à Simon de le suivre. Ce dernier attendit quelques instants et descendit à son tour aux toilettes. Il n'y avait personne. Samuel s'était enfermé dans une cabine. Lorsqu'il entendit la porte s'ouvrir, il se racla la gorge. Simon s'approcha et dans un chuchotement, lui annonça qu'il avait reconnu Oussama.

– Moi aussi. Je voulais en être certain.

– Qu'est-ce qu'on fait ?

– Rien pour le moment. On dîne. Observe-moi et suis-moi quand je sortirai du restaurant. Maintenant retourne à ta table. Inutile qu'on nous voie revenir ensemble.

Le garçon avait déposé sur la table des "mezzés" disposés dans de jolis raviers en provenance directe de l'artisanat libanais. Il y avait de tout en petites quantités : le kebbeh, le taboulé qui voisinait avec le houmos et le moutabal qui lui, flirtait avec le labne accompagné des sambousseks. Ils puisaient à même les plats à la main à l'aide du khobs arabi, pain plat et rond mais double. Le tout arrosé de l'indispensable arak. Comme il n'y avait pas assez de place sur le plateau, les serveurs débarrassaient très vite les plats vides pour les remplacer par des falafels ou des yabraks et autres délices. Si le Liban est un petit pays, sa cuisine est grandiose. Les quatre convives, sans oublier la vraie raison de cette bacchanale, se régalaient. Samuel, lui, avait une préférence marquée pour les soudjocks.

– Dis-moi Samuel, questionna Avram. Pourquoi, d'après toi la bande de Saddam se réunit-elle dans un restaurant libanais et non pas irakien ?

– Question de mode peut-être, ou pour noyer le poisson et tromper l'ennemi. Ils peuvent penser qu'on n'ira pas chercher les Irakiens chez les Libanais, comme on n'irait pas chercher les Irlandais du Nord dans une de leur cantine.

– C'est idiot.

– Je te l'accorde. Pourquoi, tu n'aimes pas ce que tu manges ?

– Si, au contraire, c'est excellent.

Soudain, son vibreur avertit Samuel par deux coups que la voie était libre. Avram, Simon et les deux filles, qui avaient reçu le même signal, levèrent la tête. Samuel n'avait pas bronché. Il attendit quelques instants. Il était près de dix heures. Il se leva. Il dit assez haut, afin qu'on l'entende, qu'il avait oublié ses lunettes dans la voiture. Lorsqu'il franchit la porte du restaurant, il vit, dans le reflet de la vitre, Oussama qui ne le quittait pas des yeux. Une fois dehors, il pénétra dans l'immeuble par l'entrée de la rue. Simon le rejoignit aussitôt. Malgré une nuit claire, la cour était sombre. Quelques fenêtres étaient éclairées à différents étages. Les deux hommes traversèrent la cour rapidement. Haïm et Zoav étaient collés au mur. Il fallait être très près d'eux pour les apercevoir. Samuel leva la tête. Pas de lumière chez l'avocat. Il eut un doute, vite estompé lorsqu'il s'aperçut que la fenêtre était entrouverte. Herschel était sur place en couverture.

– Ça y est, dit Haïm, la serrure est crochetée. On descend quand tu veux.

– Patience, nous avons un problème.

– Quel genre ?

– Je crois que nous sommes repérés.

– Par qui ?

– Oussama.

– Qu'est ce qu'on fait ?

– Je change mes plans. Nous allons improviser un passage en force.

– Ce qui veut dire ?

– Que nous allons bloquer le restaurant comme si nous faisions un hold-up. Toi Zoav, tu condamneras la porte de la cuisine qui donne sur cette cour. Personne ne doit en sortir. Mais attends, ce n'est pas pour le moment. Tu seras averti par le vibreur. Trois longs coups, tu te mets en place. Toi Haïm, au même signal tu viendras prêter main-forte à ceux qui seront chargés de mettre hors d'état de nuire les deux vigiles qui sont devant le restaurant ainsi que le portier. Ces trois-là sont coriaces et vous donneront du fil à retordre. Dès que ce sera fait tu reviens rapidement à la porte de la cave où je te rejoindrai. En attendant tu vas prévenir le marchand de bonbons, au coin de la rue et le marchand de journaux. Ils sont de la D.S.T. et sont là pour nous prêter main-forte. Ce sont eux, avec le mendiant et le chauffeur de taxi, des gars du Mossad, qui seront chargés de neutraliser les trois gros bras. Toi

Simon, rentre maintenant au resto. Nous sommes trop longs, nous risquons d'éveiller leur méfiance si ce n'est déjà fait. Ah! Oui, j'oubliais, ajouta-t-il en s'adressant à Haïm, dis aux gars de la D.S.T. que tu viens de la part de Gilles Le Brennec qui est au restaurant avec deux femmes et un homme.

Samuel sortit calmement de l'immeuble et marcha en direction du restaurant et des deux vigiles suivi par le regard inquisiteur de ces messieurs. Le bulldozer de service, en le voyant longer le trottoir, reprit son balancement. Ses yeux roulaient dans leurs orbites comme les motifs d'une machine à sous. Samuel n'ignorait pas que ce gorille, s'il devait gagner le jack pot, se laisserait mourir plutôt que d'abandonner son gain et, présentement, la prime c'était lui. Néanmoins, comme pour l'amadouer, il lui fit un sourire en passant devant lui. L'autre fut étonné. Ses yeux prirent du repos, son balancement cessa. Il répondit au sourire de Samuel par un rictus. Ses lèvres s'ouvrirent, laissant apparaître deux canines que n'aurait pas reniées Dracula sortant de sa tombe pour aller se rafraîchir à la fontaine d'hémoglobine la plus proche. Tranquillement, Samuel alla dire un mot au chauffeur de taxi puis déposa une pièce dans la sébile du clochard, leur donnant au passage les nouvelles instructions. Puis, toujours aussi calme sous le regard du vampire, il se dirigea vers sa voiture. À voix haute, il demanda au chauffeur s'il n'avait pas trouvé sa paire de lunettes.

– Lorsque ton vibreur sonnera trois coups longs, ajouta-t-il en baissant la voix, tu te mettras devant la porte du restaurant, portières ouvertes et moteur en marche. Tu ne dégages sous aucun prétexte, même si tu as une voiture de flics au cul.

– Et si je bloque la circulation ?

– Ne t'inquiète pas, quand le bal aura commencé il n'y aura plus de voitures. Dès que tu verras sortir de l'immeuble un couple avec deux enfants, tu les embarques et tu te tires sur les chapeaux de roues.

– Pour où ?

– Tu les déposes à l'ambassade. Ils sont attendus.

La conversation n'avait duré que quelques secondes. Samuel revint au restaurant les mains vides. Il n'avait pas trouvé ses lunettes.

C'est Oussama qui lui ouvrit la porte. Samuel se doutait bien que ce n'était pas le hasard qui l'avait mis en face de lui. C'est fort poliment que le patron de l'établissement lui demanda s'il avait retrouvé ce qu'il cherchait.

– Non. Finalement, je me suis souvenu les avoir laissées sur mon bureau.

– Si je peux vous être utile en quoi que ce soit, n'hésitez pas. Pardonnez-moi, mais il me semble que je vous connais, plus précisément votre compagne. N'êtes-vous pas déjà venus dîner ici ?

Sans attendre la réponse, il tourna le dos à Samuel pour se diriger vers une autre table, au fond de la salle, où dînaient trois hommes et deux femmes. Les convives tournèrent la tête vers Samuel. L'un d'eux prit son portable, dit quelques mots, se tourna vers Oussama et fit oui de la tête. Il n'y avait plus aucun doute pour S.Y., Liza avait été reconnue et il était repéré. L'homme au téléphone avait probablement alerté les vigiles ou pire, demandé des renforts. Il fallait faire vite.

La musique battait son plein. Les musiciens s'excitaient sur leurs instruments à croire qu'il y allait de leur vie. Ils passaient de table en table. Les billets de banque s'empilaient sous les cordes de la guitare et du violon. L'ambiance était chaude. Soudain les lumières s'estompèrent, remplacées par les faisceaux violents de deux projecteurs dirigés sur le faux gros cèdre. Celui-ci s'ouvrit en même temps que la sono envoyait des airs orientaux. Il en sortit une danseuse bijoutée comme un arbre de Noël. Elle scintillait de toutes parts. Quasiment nue sous ses voiles transparents, elle s'agitait dans une danse du ventre effrénée. Les voiles tombèrent les uns après les autres, à mesure que la musique s'amplifiait. Elle avait collé sur chacun de ses tétons une plaque dorée recouverte de strass sur laquelle était attachée une chaîne terminée par un cabochon, en strass qui reflétait les lumières, telle la boule recouverte de petits miroirs qu'on trouvait au plafond des bals musettes. Sur son nombril, même ornement, sauf que le cabochon était plus gros. Et tout ça tournait au rythme des mouvements de son corps. Maintenant elle allait, comme les musiciens précédemment, de table en table. Si l'ambiance était chaude au début de son numéro, maintenant elle était surchauffée. Les hommes se levaient à son approche, lui collaient sur le front des billets de banque, qu'ils avaient salivés afin qu'ils tiennent. Elle les retirait et les glissait dans son string. Certains trouvèrent que le chemin de la petite culotte était plus rapide et tentaient de les mettre eux-mêmes. C'était le clou de la soirée. Samuel attendait que la danseuse ait regagné son arbre. Ce qui ne tarda pas. Les lumières se rallumèrent sous les applaudissements des dîneurs. Après la danse du ventre offerte par Oussama, Samuel allait jouer sa propre partition, complètement improvisée. Il se pencha au-dessus de la table et murmura à Avram de se diriger lentement vers Simon.

– Au signal, prends Simon avec toi et braque la table des Irakiens. Toi, dit-il à Sylvia, tu sors ton flingue et tu bloques la sortie. Personne ne sort, personne ne rentre. Je t'enverrai Éva t'épauler.

Gilles se doutait que la représentation allait commencer et fixait Samuel. Celui-ci pointa le pouce en l'air. Gilles comprit et se tint prêt. Avram était arrivé à la table de Simon. C'est alors que Samuel appuya trois fois sur son vibreur. Le bal venait de commencer. Il se précipita sur Oussama, le força à reculer jusqu'à la porte de la cuisine, demanda à Gilles d'en prendre soin, et à son collègue de bloquer l'office. Une fille de la D.S.T. se posta devant l'escalier qui menait aux toilettes, tandis que l'autre descendait inspecter les latrines. Il n'y avait personne à part un homme qui avait vraisemblablement du mal à digérer le kebbeh. La fille frappa violemment à la porte et n'eut en réponse que des borborygmes fort peu ragoûtants. Elle enfonça la porte qui céda au premier coup et força le malade à se relever et à remonter en vitesse. L'action fut tellement rapide qu'il n'eut pas le temps d'attacher son pantalon, qui lui tombait sur les chevilles. C'est dans cet état qu'il passa à la fouille. Rien sur lui. Bonne fille, la taupe de la D.S.T. le laissa se rhabiller et regagner sa place.

– C'est un hold-up ! cria Samuel son arme à la main. Ne bougez sous aucun prétexte. Il ne vous sera fait aucun mal si vous coopérez. Vous voyez, nous sommes nombreux. Continuez de jouer, dit-il aux musiciens dont la peur se traduisait par un certain nombre de fausses notes.

– Vous êtes fous, s'écria Oussama, vous ne sortirez pas vivants d'ici. J'ai des hommes partout.

Samuel lui asséna un violent coup à l'aide de son revolver. Oussama tomba à terre. Gilles lui passa des menottes aux poignets et le délesta de son arme, un flingue aussi gros qu'une arquebuse médiévale.

– J'espère pour vous que vous avez un port d'armes pour ce type de gadget.

Oussama ne croyait pas au hold-up. Il insulta Samuel en arabe, lui promettant pour lui et sa descendance les châtiments les plus cruels. Samuel n'aimait pas du tout cela et lui balança un coup de pied dans les côtes, ce qui eut le don de le faire taire immédiatement.

Afin de faire croire à un coup de main, Samuel demanda à l'assistance, hommes et femmes, de se délester de leurs portefeuilles, bijoux, et autres objets de valeur, de les déposer sur les tables et de reculer jusqu'au mur de droite.

– Attention ! gueula Samuel. Table par table. Vous ne bougez que lorsqu'on vous le dira.

Les toilettes étant libérées, Samuel chargea les deux filles de la D.S.T. de diriger l'opération. Gilles s'approcha de Samuel.

– Qu'est ce que tu fais ? C'est du vol !

– Non. On laisse tout sur les tables. On n'y touche pas. Ils récupéreront leur magot après la fête.

– Tu n'as rien oublié ?

– À quoi penses-tu ?

– À la fille. La danseuse.

– Nom de Dieu ! s'exclama Samuel.

Il alla la délivrer de sa boîte de conserve en forme de cèdre du Liban. Malgré sa nudité, ce n'était pas de froid que la jeune femme tremblait. Elle pleurait de peur. Son maquillage dégoulinait sur son visage. Elle n'avait plus la beauté qu'elle avait sous les projecteurs, elle n'était plus maintenant qu'une pauvre fille tremblante qui ne taquinait plus la libido des généreux donateurs, qui eux-mêmes devaient regretter leur obole. Samuel la fit sortir. Elle tenait à la main une liasse de billets qu'elle tendit au jeune homme.

– Non, dit S.Y., tu as gagné cet argent. Il est pour toi. Garde-le. Va au fond avec les autres. La danseuse le remercia, essayant de sourire entre deux hoquets, et voulut lui embrasser les mains, ce que Samuel refusa.

Du côté de la table des porte-flingues d'Oussama, tout s'était passé très vite mais, ainsi qu'en témoignait celui qui gisait à terre, avec peut-être quelques problèmes. Samuel alla aux nouvelles.

– Ils sont bien sages, lui dit Avram, qui ajouta en lui désignant sur la table l'artillerie que lui et Simon avaient récupérée, il y a de quoi attaquer la Banque de France.

– Et lui ? demanda Samuel en désignant l'homme à terre.

– Lui, c'est rien. Il n'était pas d'accord. J'ai dû lui casser le bras. Je ne l'ai pas fait exprès. Il a beau être du genre costaud, il a les os en verre. Maintenant il ne bouge plus, il est d'accord pour tout.

– Ligotez-les. Simon, tu restes pour surveiller tout

ce beau monde. Avram, rejoins-moi dès que ce sera fait. Je vais faire un tour à la cuisine.

Tandis que les dîneurs se délestaient de leur argent, les femmes étaient plus réticentes à déposer leurs bijoux. Ce n'était que jérémiades, pleurs et plaintes. Elles faisaient un vacarme épouvantable comme une batterie de poules pondeuses. Les deux femmes préposées à la collecte avaient du mal à se faire respecter. Il fallait intervenir car ce mouvement de protestation pouvait les submerger. Tranquillement Samuel dégaina et tira un coup en l'air. Le silence, à part quelques pleurs étouffés, fut immédiat. Heureusement, se dit Samuel, qu'il n'y en a pas une pour faire une crise d'hystérie. Profitant de cette accalmie, Il cria :

– Je veux du calme ! Sinon je tire la prochaine balle dans le tas, au hasard.

Éva vint vers lui et lui annonça que les vigiles et le portier étaient hors d'état de nuire et qu'ils attendaient bien sagement, dans un fourgon de police qui passait là par hasard, ajouta-t-elle en lui faisant un clin d'œil. Tout se présentait sous un jour favorable. Le plan de secours, bien qu'il fût improvisé, semblait se dérouler dans les meilleures conditions. Avant de continuer, Samuel voulut s'assurer que la voiture était prête à recevoir les otages. S'ils sont là, espérait-il en croisant les doigts.

Ainsi qu'il l'avait demandé, la voiture était bien là, le chauffeur au volant, le moteur en route et les portes ouvertes. Les hommes étaient autour, sauf le mendiant qui était assis sur le trottoir avec un mouchoir plein de sang collé sur son nez.

– Le salaud, dit-il en désignant le plus grand des

deux vigiles, il m'a donné un coup de tête, j'en ai vu trente-six chandelles.

– Ça va aller ?

– J'en ai vu d'autres, dit-il en s'épongeant tout en se levant péniblement. Qu'est-ce qu'on fait maintenant ?

– Toi tu fonces dans l'immeuble et toi avec, dit-il au marchand de journaux, mais vous n'entrez pas dans la cour. Vous m'attendez. Quant à vous, s'adressant au chauffeur de taxi et au marchand de glaces, vous restez là pour protéger la sortie des otages.

Samuel se ravisa et demanda au clodo de le suivre. Ce dernier ayant récupéré ses esprits le suivi comme son ombre. Samuel entra à nouveau dans le restaurant et se dirigea vers les cuisines. En passant, il demanda à Gilles de l'accompagner. Avram les rejoignit.

Au moment où ils s'approchaient, de violents coups métalliques retentirent sur la porte. Ils ouvrirent avec précaution et virent sortir un nain hideux et tout bossu qui disait être plongeur. Il tenait une grande louche dans la main. L'apparition, si elle n'étonna pas Samuel, le fit sourire. Les autres étaient interloqués de voir ce Quasimodo, avec ses yeux exorbités, du moins le plus gros, celui qui lançait le plus d'éclairs.

– Attention, il y en a au fond qui sont armés, bredouilla le gnome.

Au même moment on entendit le tir caractéristique des kalachnikovs. Ils étaient deux hommes à se défouler sur la porte de la cour qui maintenant était trouée comme une écumoire. En les entendant arriver, ils se retournèrent et eurent le temps de lancer deux rafales. Le mendiant s'écroula sur le sol dallé, une tache rouge s'élargissait autour de lui, tandis que Samuel sentit une brûlure violente lui envahir le bras gauche. La riposte ne se fit pas attendre. Gilles et Avram tirèrent en même temps. Les deux argousins lâchèrent leurs pétoires. L'un avait un trou entre ses deux yeux, qui exprimaient une stupeur morbide, l'autre se comprimait le ventre comme s'il retenait ses boyaux qui cherchaient la sortie.

– Appelle une ambulance! cria Gilles à son adjoint

Tout en se ruant dans la cour, Samuel appuya un long coup sur son vibreur, déclenchant ainsi l'appel à l'aide. Tous ceux dont la présence n'était pas nécessaire pour surveiller les clients du restaurant ou les hommes de main d'Oussama et leur chef ou le passage dans la rue, se précipitèrent dans la cour. Un carnage. Zoav était allongé sur le sol, baignant dans une mare de sang, Haïm agenouillé à côté de lui. Samuel le rejoignit et se pencha sur Zoav, qui respirait difficilement. Son état semblait s'aggraver de minute en minute. Samuel fut rassuré en entendant les sirènes des ambulances. Lorsqu'il se leva, il aperçut le sang qui inondait une jambe du pantalon de Haïm.

– Tu es blessé?

– Ce n'est rien.

– Monte dans l'ambulance.

– Non, je reste dans la cour en protection. Je ne peux peut-être pas courir, mais je n'ai pas de crampe aux doigts, dit-il en levant son flingue.

Avec l'aide de Samuel, il alla s'asseoir à l'angle du mur face à l'entrée de l'immeuble. Comme à la fête foraine, il était prêt à tirer sur toutes les têtes de pipe qui ne lui reviendraient pas. Samuel fit signe à Herschel, penché à la fenêtre du bureau de l'avocat, de ne pas bouger de son poste et, suivi de Gilles et Avram, il se rua dans l'escalier qui menait aux caves où il supposait que les Kaplan étaient détenus. Il y avait plusieurs portes qui donnaient sur le long couloir faiblement éclairé. Elles étaient toutes fermées. Ils frappèrent fortement à chacune d'elle. Pas de réponse. Samuel désespérait de les trouver. Une image horrible lui traversa l'esprit. Et s'ils étaient morts ? Il redoubla la force de ses coups. Toujours rien. Un silence angoissant.

– Taisez-vous, dit Gilles. S'ils sont là, ils ont peut-être entendu le vacarme que nous faisons. Donnons-leur une chance de se manifester.

Et l'incroyable, l'inespéré arriva. Des signaux à résonance métallique, qui ressemblaient à du morse, se firent entendre sur une des canalisations. Samuel se souvint avoir lu dans son rapport que Kaplan avait été officier des transmissions. Les coups étaient faibles, presque inaudibles. Les hommes bloquèrent leur respiration. Samuel tendait l'oreille à s'en faire mal. Il avait le visage crispé. La tension au sein du groupe était à son maximum. Le silence épais. Soudain, Samuel crut reconnaître trois points sonores, suivis de trois traits, eux-mêmes suivis de trois autres points : SOS. Il s'approcha de la plus grosse des canalisations et lança le message, en morse : bien reçu. Où êtes-vous ? Donnez-moi votre position. Il reçut en retour quelques signaux, mais il était impossible de déchiffrer le message, tellement le son était faible. N'obtenant pas de réponse lisible, il recommença à plusieurs reprises en changeant constamment de tuyau. Le message SOS se fit à nouveau entendre, mais ils ne parvenaient pas à localiser sa provenance. Bien qu'il fût frais dans ce sous-sol, Samuel transpirait à grosses gouttes. Il avait maintenant la certitude que les Kaplan étaient là, à portée de sa main. Tous vivants, espérait-il. Avram, qui s'était avancé dans la profondeur de la cave, hurla à l'attention de Samuel.

– Viens par ici, le son est meilleur !

Samuel se précipita vers lui. Effectivement, les appels au secours étaient parfaitement distincts. À l'aide de la crosse de son arme, il recommença à taper son message. La réponse fut immédiate. L'intensité du drame qui se jouait était extraordinaire. Jamais Samuel n'avait vécu de pareil moment. Kaplan lui signala être dans une cave au fond du couloir qui se composait en fait de deux caves, donc de deux portes, raison pour laquelle, malgré la résonance des canalisations, les sons étaient étouffés.

– C'est là, dit Samuel. Elle est solidement fermée. Nous allons faire sauter la serrure.

Il prévint Kaplan de mettre tout le monde au fond et que le bruit de l'explosion qu'ils entendraient marquerait les prémices de leur libération. Il lui recommanda de se protéger.

– Allez-y. Faites vite.

Samuel posa un petit pain de plastic contre la serrure. Il planta le cordon, fit reculer tout le monde, alluma la mèche. La détonation fut forte mais brève. Malgré la fumée, ils s'engouffrèrent dans la première pièce et se retrouvèrent face à une autre porte, tout aussi hermétiquement fermée. Ils entendaient des cris de joie et d'espoir.

– Nous sommes là. Vous avez bientôt fini de souffrir. D'ici quelques instants vous serez libres. En attendant reculez-vous au maximum, nous allons tirer dans la serrure.

La déflagration des coups tirés résonna et s'amplifia dans l'espace clos des caves. Samuel poussa la porte. Elle s'ouvrit enfin. Ce qu'il vit le remplit de colère. Au fond, collé au mur, Kaplan, de dos, faisait un rempart de son corps, en serrant dans ses bras sa femme et ses enfants. L'espace n'était que faiblement éclairé par une ampoule vissée au plafond. Il y avait trois lits de camp recouverts de minces couvertures. Pas de siège ni de table. Un seau servait de toilettes. Au sol, une cuvette et un broc d'eau. Quelques assiettes en carton. Pas de couverts. L'odeur était insupportable. Comment Oussama avait-il pu avoir le courage de faire vivre cette famille dans ce cloaque ?

Kaplan se retourna. Il avait une barbe de plusieurs jours. Ses yeux, hagards, étaient bordés de cernes profonds. Il ne croyait pas à sa délivrance. Les bras maintenant ballants le long du corps, il regardait l'un après l'autre les hommes venus les délivrer de cette atrocité. Puis, comme mu par une décharge électrique, il se jeta dans les bras de Samuel. La tête enfouie dans l'épaule de S.Y., il étouffa des sanglots qui montaient du plus profond de son ventre.

– J'ai cru que vous ne viendriez jamais, hoqueta-t-il, que nous allions mourir.

Ils étaient tous les quatre en vie, dans un état pitoyable, mais vivants. Livide, Bacha Kaplan, entourée de ses enfants agrippés à son jogging, pleurait à chaudes larmes. Elle aussi avait les traits tirés. De profondes rides striaient ses joues. Elle aussi était sale, comme l'étaient ses enfants dont le regard hagard exprimait la peur et l'intense fatigue. Ils étaient épuisés, comme si leur force vive les avait abandonnés. Samuel, Gilles et les autres ne disaient pas un mot. Ils se mordaient les lèvres pour ne pas hurler leur rage. Pourtant il fallait faire vite. Doucement, sans brusquerie mais avec fermeté, ils conduisirent les Kaplan jusqu'à la liberté. Il fallait soutenir les parents et porter les enfants, tant ils étaient faibles. Lorsqu'ils parvinrent dans la cour, les prisonniers respirèrent la bouche grande ouverte à la recherche de l'oxygène qui leur avait tant manqué. L'air frais leur faisait du bien. Ils passèrent devant chacun de leurs sauveteurs qui les regardaient avancer sans mot dire, le visage fermé. Les ambulanciers donnaient des soins à Zoav et Herschel.

Les Kaplan s'engouffrèrent dans la 607 noire, direction l'ambassade d'Israël.

– Je viendrai vous voir tout à l'heure. Nous avons à discuter. Peut-être avez-vous des informations à me communiquer. En attendant remettez-vous. Vous êtes maintenant en sécurité.

– Merci. Merci pour tout.

Kaplan n'avait pas la force d'en dire davantage. L'émotion, trop forte, l'empêchait de parler. Samuel regarda s'éloigner la Peugeot. Il souriait, heureux du dénouement de cette première partie de sa mission. Puis il alla s'enquérir de l'état de Zoav et du clochard. Il n'avait pas d'inquiétude pour Haïm. Au moment où il arriva, les brancardiers hissaient Zoav dans une ambulance. Il avait repris connaissance. Samuel s'approcha.

– Ne t'inquiète pas, parvint à dire le blessé, je vais m'en sortir. Est-ce que les Kaplan sont tirés d'affaire ?

– Ils sont en lieu sûr.

– Dieu soit loué et toi avec. Comment va le clodo ?

– Je ne sais pas. Je viendrais te voir à l'hôpital dès demain.

– Dans ce cas, apporte-moi de la vodka à la place de ce truc-là qui passe dans mes veines dit-il en désignant la perfusion qui lui distillait la vie goutte à goutte.

Samuel lui tapota la joue, se pencha et lui embrassa le front. Zoav ferma les yeux, une larme perlait à la frontière de ses cils. Samuel le regarda tandis que Haïm, sur une chaise roulante, fut hissé près de Zoav.

– Ne t'inquiète pas S.Y., je vais faire attention à lui, dit-il en levant son pouce en signe de victoire.

Une voiture du SAMU venait d'arriver. Les infirmiers y chargèrent des brancards supportant des housses argentées. Samuel s'approcha, fit glisser la fermeture du premier. Ce qu'il redoutait était maintenant une évidence. Le clodo était allongé, les yeux fermés, le visage détendu. Ses cheveux longs et sa barbe le faisaient ressembler à un prophète. Il resta un moment à le regarder, avec autant de peine que s'il avait perdu son frère. Il sentit une main amicale lui enserrer l'épaule. Il se retourna, c'était Gilles, son ami français. Inutile de découvrir les autres linceuls, ils savaient qui était à l'intérieur.

– Rameute tout ton monde et dégagez vite le coin. Je vais faire une déclaration à la police. Tu pourras lire dans les journaux de demain qu'il y a eu un règlement de comptes entre deux bandes de voyous dans un restaurant libanais.

– Les blessés ?

– Sous la protection de mon groupe et dans l'anonymat le plus total. On vous les renverra en bon état.

– Est-ce que je peux récupérer Oussama et ses comparses ?

– Non. Pour le moment ils sont à nous. Mais ne t'inquiète pas, je te ménagerai une entrevue avec lui.

– Avec ta permission, je vais aller lui dire au revoir.

– Si tu veux. Mais ne l'esquinte pas trop.

– Je te verrai demain. Tiens, ajouta-t-il en lui glissant une feuille dactylographiée dans la main.

– Qu'est-ce que c'est ?

– Cadeau. La liste des marchands de canons qui sévissent en toute impunité à partir de la France. À demain, frangin.

Ils se donnèrent l'accolade. Samuel embrassa Gilles sur les deux joues.

– Vous vous embrassez toujours entre hommes dans le Mossad ?

– Oui, mais seulement quand on se plaît.

Les clients du restaurant étaient en ébullition. D'un côté ils manifestaient la joie de retrouver leurs valeurs, de l'autre côté, ils commentaient avec force les événements qui venaient de se passer. Oussama, bracelets aux poignets, était toujours allongé à terre. Samuel le fit se lever. La haine et le dégoût se disputaient dans le regard qu'il posait sur cet homme sans scrupule. Celui-ci ne semblait pas avoir peur. Au contraire toute son attitude était empreinte d'une fierté agressive. Samuel approcha son visage très près de lui. Oussama lui cracha au visage. La réaction de Samuel fut immédiate et brutale. Il se servit de son bras valide, dont le poing lui enfonça la bedaine. Oussama en eut la respiration coupée. Il haletait et ne parvint pas à éviter le second coup qui résonna comme le marteau sur l'enclume. Il plia les genoux. Samuel le releva. Il avait dans l'esprit l'image du clodo enveloppé dans son linceul, et celle des Kaplan enfermés dans cette cave où même les rats n'auraient pu vivre. Lorsque le troisième coup arriva à bon port, les yeux d'Oussama se révulsèrent et son poids l'entraîna comme une chiffe molle sur le parquet. Gilles intervint, posant son bras sur celui de Samuel.

– Arrête Samuel, tu vas le tuer.

– C'est tout ce que cette ordure mérite.

Il se détourna de ce débris, non sans lui avoir balancé, au passage un coup de savate dans les côtes, ce qui, à en juger par le bruit sec, lui en cassa deux au minimum. Puis il se dirigea vers les cuisines où il improvisa une réunion avec toute son équipe. Silencieux, ils étaient tous là, les hommes et les femmes d'Israël. Les combattants de l'ombre qui menaient une guerre là où le destin de leur pays était en danger. Samuel prit la parole.

– Nous avons réussi. Je vous félicite tous pour votre efficacité. Malheureusement nous déplorons la mort d'un des nôtres, le clodo. Il s'appelait Schlomo. Il laisse une femme et un petit garçon de trois ans. Pour nous, Israéliens, la mort d'un des nôtres est un drame. Tout comme vous et comme notre peuple, je souhaite du fond de mon cœur la paix. Mais tant que nous serons agressés, nous nous défendrons au prix de notre vie. C'est ce que Schlomo a fait. Je vous propose de réciter le *Kaddish* [1] à la mémoire de notre frère.

1 *Kaddish* : Prière des morts.

Les hommes se couvrirent la tête. Liza était parmi le groupe, elle fixait le bras gauche de Samuel et le sang séché qui tachait sa manche. La prière terminée, le groupe resta un instant silencieux. D'une voix douce, mais ferme, Samuel donna ses dernières instructions. Il était minuit passé.

– Simon, tu viens avec moi à l'ambassade. Nous allons voir si tout va bien avant d'aller nous coucher. Herschel et Éva, vous venez avec nous. Gilles nous fera conduire par une des voitures de la D.S.T.. Quant à toi Avram, tu déposes Liza au Grand Hôtel. Je te rejoindrai sous peu, dit Samuel à cette dernière. Toi, Sylvia, tu les accompagnes. Après, si tu veux tu vas dormir. Tu n'y vois pas d'inconvénient ? ajouta S.Y. à l'intention d'Avram. Regardez-le ce timide, il rougit comme une jouvencelle. Allez. Exécution. Vous avez bien mérité de vous reposer. La journée a été longue et dure. Quant à moi, j'ai encore quelqu'un à voir. Chalom les enfants. A demain.

Liza, pointant du doigt le bras gauche de Samuel, s'inquiéta de sa blessure.

– Ce n'est rien. Juste une éraflure. Tu me feras un pansement tout à l'heure. C'est mon blazer qui a le plus souffert, ajouta-t-il en souriant.

Samuel fit un tour dans le restaurant et toutes ses dépendances. Il recherchait le vieil homme. Ce gnome qui une fois encore l'avait prévenu d'un danger imminent.

Peine perdue. Il avait disparu.

Chapitre X

Paris, vendredi 7 mars 2003. 0 heure 25. Dans la voiture de la D.S.T..

Du point de vue diplomatique la journée sera particulièrement chargée.

À neuf heures du matin, le ministre des Affaires étrangères de la France sera à New York.

À neuf heures trente, le ministre chinois répétera que la position de son pays n'a pas changé.

Avec l'appui de la France, Monsieur Hans Blix, chef des inspecteurs de l'ONU demandera du temps et davantage de moyens. La France déclarera que le rapport du désarmement irakien est positif.

Le bruit courra qu'avec ou sans l'accord de l'ONU les Américains iront en guerre, guerre que certains médias appelleront "la guerre de Bush".

Du point de vue de la diplomatie militaire et malgré l'opposition planétaire, cette guerre s'assimilera à une croisade contre "l'axe du mal". Tandis que dans les couloirs de l'ONU les diplomates tenteront quelques manœuvres politiques, les forces anglo-américaines se prépareront à l'assaut. Le porte-avions Nimitz poursuivra sa route vers le futur théâtre des opérations, un immense drapeau sur sa coque. Un autre porte-avions, l'USS Constellation, sillonnera le golfe, avec à son bord une véritable armada. Alors qu'au camp coyote, au nord du Koweït et plus précisément à la frontière koweïto-irakienne, la première unité de marines se préparera, ceux de la quinzième unité du corps expéditionnaire s'entraîneront tandis que les soldats de l'ONU chargés de surveiller le no man's land entre les deux pays seront priés de plier bagages.

Bagdad sera étrangement calme, ce qui fera craindre aux stratèges, une éventuelle et difficile guérilla urbaine, amplifiée par les déclarations des kamikazes, ces hommes du sacrifice vêtus de blanc, la couleur du linceul, et le corps entouré d'explosifs.

Certains médias pour booster leur vente, attiseront la crainte d'alignements de cercueils sur le tarmac des aéroports militaires.

Arrivé à l'ambassade, Samuel s'isola pour rendre compte, par téléphone, du résultat de la mission à Moshé.

– Les Kaplan sont sains et saufs.

– Je sais. L'ambassadeur m'a appelé.

Samuel lui fit un rapport succinct des événements.

– J'ai encore à faire ici. Je viendrai te voir demain en fin de matinée, après être passé à l'hôpital prendre des nouvelles de Zoav.

– Je viens d'avoir le service des urgences. Son état est très grave. Le pronostic est réservé.

Samuel raccrocha. Il était partagé entre le besoin de pleurer et la rage qui le tenaillait. L'ambassadeur le fit entrer dans ses appartements. Dans la salle à manger les ex-otages, douchés et vêtus de propre, étaient attablés devant une collation improvisée. Les enfants, à moitié endormis, les coudes appuyés sur la table, avaient à peine touché à la nourriture. Kaplan se leva.

La fatigue, certes, n'avait pas disparu, mais son regard était redevenu limpide. Il remercia à nouveau. L'ambassadeur les prenait en charge. Avant de partir, Samuel entraîna Kaplan à part.

– Avez-vous subi un interrogatoire ?

– Oui.

– Que voulait-il savoir ?

– Ce que nous savions sur les cargos.

– Alors ?

– Je n'ai rien dit. En fait, je ne sais pas grand-chose. Seulement qu'ils ont été arraisonnés et que le fret humanitaire s'est transformé en armement militaire. Notre contact devait nous en dire davantage. J'ai été interrompu dans mon enquête, ajouta-t-il avec un pâle sourire.

– C'est bien.

– Pas vraiment. Ils ont menacé de tuer mes enfants et de violer ma femme. J'ai été à deux doigts de tout leur dire. J'en ai honte.

– Vous ne devriez pas. Je ne sais pas ce que moi j'aurais fait à votre place. Probablement pareil.

La première partie de la mission était terminée. Samuel prit congé de tous et se fit conduire à son hôtel. Le chauffeur était celui-là même qui l'avait emmené au "Ciel de Beyrouth". Ils ne se parlèrent pas durant le trajet. Lorsqu'ils furent arrivés au Grand Hôtel, ce dernier sortit de la voiture et lui donna l'accolade.

– C'est du beau travail. Du très beau travail, ajouta-t-il en s'engouffrant derrière son volant.

Au moment où il allait partir, il baissa la vitre.

– Si tu as besoin de moi, n'importe quand, n'importe

où, au bout du monde, n'hésite surtout pas. Je m'appelle David Smadja. Ne l'oublie pas. Du bout du monde... dit-il en démarrant.

Samuel pénétra dans la chambre sans faire de bruit. Liza dormait. Sur la table, il y avait un mot posé, sur les deux revolvers qu'il lui avait confiés. "Réveille-moi". Samuel passa outre. Il se glissa doucement dans le lit et eut à peine le temps de fermer les yeux avant de sombrer dans un sommeil qu'il voulait réparateur. Il était près de deux heures du matin. Six heures plus tard, il se réveilla en sueur. Il se leva très vite. Il ne pensait qu'à Zoav. Trois quarts d'heure plus tard, il était prêt à prendre un taxi pour l'hôpital. Liza dormait toujours. Il lui laissa, à son tour, un mot sur sa table de nuit. "Je t'appellerai dans la journée. Garde ton portable branché".

Les urgences se trouvaient au rez-de-chaussée de l'hôpital. Il y avait du monde. Sur des brancards, entourées de leur famille, des victimes d'accidents attendaient d'être prises en charge. Le personnel était débordé. Samuel s'approcha du guichet des renseignements et demanda à voir un responsable de la sécurité. Il lui fallait attendre, lui répondit-on. Assis sur une chaise tressée de lamelles de plastique, il rongeait son frein. Un homme du type pilier de rugby s'approcha de lui.

– Vous souhaitiez parler avec quelqu'un de la sécurité ? Me voilà, dit-il en exhibant une rangée de dents carrées qui auraient fait pâlir d'envie une marque de dentifrice.

Samuel lui expliqua qu'il souhaitait avoir des

nouvelles d'un blessé par balles amené ici, la nuit précédente, par des agents de la D.S.T.. Qu'il aurait bien voulu le voir si cela était possible.

– Il n'est pas là.

– Mais je ne vous ai pas dit son nom.

– Je sais. Il n'est pas là.

Le rugbyman tourna le dos. Samuel se doutait bien qu'il n'avait aucune chance d'amadouer le gorille et d'entrer sans appui extérieur. Il appela Gilles sur son portable.

– Où es-tu ? demanda ce dernier.

– À l'hosto. Aux urgences.

– Attends, je viens te chercher.

– Pourquoi, tu es là ?

– Et alors, tu crois que je laisse tomber mes amis quand ils sont dans la merde ? Ne bouge pas, j'arrive.

Il ne fallut que deux minutes à Gilles pour le rejoindre.

– Comment va-t-il ?

– Mal. Il est toujours à la porte du cimetière.

– Il y a de l'espoir ?

– Tant qu'il est vivant , dit-il en haussant les épaules. Le médecin est à l'étage, tu pourras le questionner. Tu as pu dormir ? Je te trouve une petite mine.

Samuel ne répondit pas.

– Viens, dit-il, allons-y.

Zoav était dans le secteur des soins intensifs. Ils enfilèrent un tablier protecteur, se mirent un masque sur la bouche et le nez, troquèrent leurs chaussures contre des chaussons de papier. Le médecin ne leur accorda que deux minutes de visite et leur interdit de parler au blessé.

– Il est trop faible. Je ne sais même pas s'il vous comprendrait. Il a perdu beaucoup de sang.

Pas de lumière. Seulement le jour qui filtrait à travers les rideaux tirés. Samuel s'approcha tandis que Gilles restait à l'écart. Zoav avait les yeux fermés. Il était pâle, mais sa respiration semblait régulière. Ses bras, au-dessus du drap, étaient piqués de tuyaux qui lui distillaient du sérum destiné à le maintenir en vie. Un écran indiquait sa tension et analysait les battements de son cœur. La machine égrenait un régulier bip-bip. Bruit qui se voulait rassurant. Samuel fixait le tracé du rythme cardiaque de Zoav. C'était un nouvel ami qui était en train de mourir. Il savait qu'il avait participé à de nombreuses missions, souvent périlleuses. Il s'en était toujours sorti indemne. Aujourd'hui il était dans la crainte de le perdre. Il aurait voulu lui parler, lui insuffler de sa force, l'empêcher de rendre son dernier souffle. Il s'approcha plus près, lui prit la main. Zoav ouvrit les yeux, le reconnaissant un léger sourire flotta sur ses lèvres. Son regard s'accrochait sur le visage de Samuel comme s'il voulait lui parler. S.Y. comprit le message. Il opina de la tête et murmura : "Oui, les otages sont sains et saufs". Les deux hommes se regardaient sans ciller. Gilles prit Samuel par le coude et le poussa doucement vers la porte.

– Viens, il faut le laisser se reposer.

Une fois dehors, Samuel eut une brève conversation avec le médecin de garde qui, sans lui laisser de faux espoirs, laissa entendre que Zoav n'avait qu'une chance sur deux de s'en sortir.

– C'est mieux que cette nuit, lorsqu'il est arrivé il

n'avait qu'une chance sur dix. La journée sera décisive. S'il ne fait pas d'hémorragie interne d'ici ce soir, tous les espoirs seront alors permis. Téléphonez, si vous le désirez, en fin d'après-midi.

Avant de quitter l'hôpital, Gilles s'assura que la surveillance était bien en place et que Zoav était en sécurité, tout au moins sur ce plan. Ils sortirent des soins intensifs au moment même où un infirmier, court sur pattes, bossu, à l'allure cahotante, arrivait en poussant une petite table roulante et disparaissait derrière une des portes de ce long couloir. Samuel se précipita, ouvrit à son tour la porte. La pièce était vide, le lit était vide, il n'y avait pas d'autre issue que celle par laquelle il était entré. Les lumières étaient éteintes. Samuel alluma. Personne. Le bonhomme avait, une fois encore, disparu. Il sourit. Il était certain maintenant que Zoav était bien gardé.

– Allons prendre un verre à l'extérieur. J'ai à te parler.

– OK. As-tu une cigarette ?

– Non, je ne fume pas.

– Moi non plus.

Gilles se tourna vers Samuel, étonné et inquiet à la fois.

– Tu es sûr que tu vas bien ?

– Oui. Ça va. Allons boire un coup.

– Ta blessure au bras ? Tu ne veux pas qu'on en profite pour contrôler ?

– Non, merci. Ce n'est rien. Je l'ai nettoyée et j'ai mis un pansement. Allons viens. Je meurs d'envie de boire un café. Je n'ai pas eu le temps de prendre un petit-déjeuner.

Samuel voulut prendre place à la terrasse du café qui faisait face à l'hôpital pour profiter du beau soleil de printemps qui inondait Paris, mais Gilles insista pour qu'ils s'installent à l'intérieur.

– J'ai à te parler, répéta-t-il en regardant sa montre. Nous n'avons qu'une demi-heure.

– Pourquoi ? Je ne suis plus pressé. Ma mission est terminée.

– Tu veux dire une partie.

– Explique-toi.

Samuel avait la voix triste. Il revoyait sans cesse Zoav luttant pour rester en vie sur son lit d'hôpital. Gilles mit trois sucres dans sa tasse de café et tourna sa cuillère d'un rythme régulier sans quitter son ami des yeux.

– Il nous reste l'affaire des cargos.

– Ça n'est pas de mon ressort.

– Si et tu le sais. Cela fait partie du *deal*. Le ministre tient à ce qu'Israël soit dans le coup.

– Pourquoi ?

– Parce que si ça foire, la France se retranchera derrière ton pays.

– Ce n'est pas très joli.

– De toutes les manières, tu n'as pas le choix, ton gouvernement s'est engagé, comme le mien s'est engagé à vous fournir la logistique nécessaire pour libérer les otages sans que ça fasse de bruit. Je serai avec toi, mais c'est toi qui seras le patron.

– Je dois en référer à mes supérieurs.

– Ils sont au courant. D'ailleurs nous avons rendez-vous avec Moshé.

– Où ça ?

– À la piscine.

– À la D.G.S.E., Par la grande porte ?

– Non, par la porte de service. Nous y allons incognito. Comme des stars.

– Quand ?

– Dès que tu auras terminé ta troisième tartine.

– Pourquoi pas chez toi, à la D.S.T., rue Nélaton ?

– Le patron est en déplacement à l'étranger. La D.G.S.E. a fait valoir ses droits compte tenu des implications qui pourraient se produire à l'extérieur de la France. J'ai mandat de représenter la D.S.T..

– Il n'y a pas à dire, tu prends du galon.

Samuel ne se pressait pas. Il commanda un autre café. Il murmura entre ses dents.

– Tu n'as rien remarqué ?

– Non. Qu'est-ce que j'aurais dû remarquer ?

– Le type de l'autre côté de la salle. Avec la veste beige. Il nous suit depuis l'hôpital et nous observe.

– C'est mon chauffeur, dit Gilles en riant. Tu n'as pas perdu tes réflexes, mais fais attention, je t'ai déjà prévenu, à ne pas devenir parano. Allez viens. Nous ne pouvons pas faire trop attendre ces messieurs.

Il fit signe à son chauffeur. Celui-ci alla chercher la voiture. Les deux hommes attendirent à l'intérieur du café et sortirent dès qu'ils la virent arriver. Effectivement ils pénétrèrent dans la "piscine" par l'arrière de l'immeuble. La porte sur rue s'ouvrit facilement, donnant accès à un sas, lui, infranchissable sans montrer patte blanche. Bien que Gilles fût connu, les factionnaires en civil les délestèrent de leurs armes qu'ils rangèrent dans une boîte en métal.

– Vous les récupérerez à la sortie. Suivez-moi, dit

l'un d'eux après avoir téléphoné, vous êtes attendus, je vous accompagne.

Une grande table de conférence occupait largement le centre de la pièce. Les murs étaient recouverts de cartes et une rangée de pendules indiquait l'heure de toutes les grandes villes du monde. Seul un mur était vide sur lequel un écran était accroché. Il y avait du monde autour de la table, des hommes confortablement assis dans des sièges de cuir. Lorsque Gilles et Samuel entrèrent, les conversations cessèrent. Samuel ne connaissait que Moshé, son éternel cigarillo éteint planté entre ses dents. Ce dernier vint vers lui et le serra dans ses bras.

– Du bon travail, lui murmura-t-il. J'ai des nouvelles de Zoav. Je sais que tu es passé le voir. Qu'en penses-tu ?

– Il est entre les mains de Dieu.

On présenta les deux taupes, l'Israélien et le Français, en signalant pour ce dernier qu'il était là au titre de la D.S.T.. Le patron de la D.G.S.E., en bout de table, dirigeait cette conférence. À ses côtés était assis un dirigeant des renseignements généraux. Un haut fonctionnaire de l'Élysée était là, près d'un représentant du ministère des Affaires étrangères. Un général deux étoiles du ministère de la Guerre côtoyait un colonel en uniforme bardé de décorations, le béret des commandos de la force spéciale glissé sous l'une de ses épaulettes. Détaché du ministère de la Marine, un fonctionnaire expert en marine marchande participait également à la conférence. Près de Moshé se tenait l'attaché militaire de l'ambassade d'Israël à Paris. Ils étaient onze en tout, les deux doulos et neuf personnalités habilitées à prendre des décisions rapides, car, ainsi que le patron de la D.G.S.E. venait de le dire en ouvrant les débats après avoir fait un tour de table de présentation: "Nous n'avons pas une minute à perdre. Voilà la situation". Il expliqua la genèse de l'histoire, revenant très rapidement sur les textes des deux messages et s'attardant pesamment sur les menaces qui impliqueraient la France dans cette situation. Il n'oublia pas de féliciter les représentants israéliens pour leur succès de la veille.

– Messieurs, dit-il, je suppose que vous saisissez à quel point notre président et son gouvernement sont inquiets de cette situation et de ses conséquences internationales si nous devions échouer dans notre mission. Avant de poursuivre et de vous proposer le plan que nous avons élaboré avec ces messieurs, ce disant il désigna les militaires présents, je souhaiterais savoir, toujours pour gagner du temps, si l'un d'entre vous a des questions à poser.

– Moi, dit Samuel sous le regard surpris de Moshé. Moi, j'ai une question à vous poser.

– Je vous en prie.

– Pourquoi faites-vous appel à nous? C'est une affaire franco-française. Que vient faire notre pays dans cette galère?

– Nous avons besoin de votre expérience et de votre logistique en matière de terrorisme.

– Monsieur, répondit Samuel d'une voix métallique, nous n'irons pas bien loin s'il n'y a pas plus de franchise dans nos relations.

Le patron de la D.G.S.E. rougit sous l'attaque. Tous les membres de cette réunion avaient les yeux rivés sur lui. Ils attendaient une réponse cinglante. Au lieu de cela ils n'entendirent qu'un bredouillement inintelligible. Moshé lui-même était interloqué par cette remarque, venant de son meilleur agent, aux antipodes de la diplomatie.

– Monsieur, si vous ne me donnez pas une raison valable je n'ai aucune raison sérieuse de participer à cette réunion, renchérit Samuel.

L 'homme avait repris ses esprits. Son visage s'était durci. Ses yeux le vrillaient aussi sûrement qu'une chignole essayant de forer un puits de pétrole dans du bitume. Autrement dit sans aucun effet sur S.Y. Ses neurones tournaient à la vitesse du son. Il comprit très vite qu'il était inutile de finasser avec ce jeune homme. Il allait répondre, mais le représentant de l'Élysée lui coupa la parole.

– Nous avons, hélas, l'expérience du terrorisme et nous avons, c'est certain, tout le matériel approprié à ce genre d'opération ainsi que toute la logistique nécessaire, bien qu'elle ne soit pas à pied d'œuvre et qu'il faudrait un certain délai pour la rendre opérationnelle et ça, d'après la conjecture, nous nous pouvons pas nous le permettre. Il prit le temps d'ajouter : mais en vérité, nous avons besoin de vous.

– Pourquoi ?

– Pour nous couvrir en cas d'échec. Afin que votre pays soit seul tenu pour responsable en cas de bavure et que la France ne figure sur aucun rapport, ce qui aurait de graves conséquences pour notre diplomatie internationale et pour notre paix civile intérieure. Êtes-vous satisfait ?

– Oui Monsieur. Je le savais, mais je voulais que ce soit clairement énoncé avant que la réunion ne commence vraiment.

Le diplomate sourit. L'assistance fit de même. L'incident était clos, l'air redevenu respirable. Moshé, sans regarder Samuel, lui donna un coup de pied sur la cheville en signe d'approbation. Le patron de la D.G.S.E., qui avait remis de l'ordre dans ses neurones reprit la parole en souriant.

– Plus de questions ? Bon, passons aux choses sérieuses.

L'homme exposa son plan. Il était simple, il suffisait d'arraisonner les deux cargos, de les désarmer, de les dérouter pour décharger les armes au Pakistan et reprendre la cargaison initiale. Faire un sourire aux Américains, les laisser monter sur les navires pour contrôler. C'était simple.

– Rien que ça, dit le général.

Passant outre l'interruption, l'homme de la D.G.S.E. poursuivit son exposé. Il donna la position des bateaux qui se trouvaient actuellement dans les eaux internationales de la mer d'Oman, à égale distance de Karachi au Pakistan et Mascate à Oman. Il confirma également qu'ils s'étaient mis en panne dans l'attente d'instructions.

– Permettez-moi une question, intervint le général. Que dit le gouvernement pakistanais ? Pour décharger et recharger les cargos, il faut une infrastructure portuaire conséquente. On pourrait donc supposer que celle-ci a été mise à la disposition des pirates.

– Rien, répondit le fonctionnaire du ministère des Affaires étrangères. Rien. Pas un message, pas même une allusion.

– Vous en concluez ?

– Il ferme les yeux.

L'homme de la D.G.S.E. reprit.

– Monsieur Martin du ministère de la Marine va vous donner des précisions sur ces cargos.

Monsieur Martin n'était pas grand, Plutôt petit, légèrement bedonnant, chauve avec néanmoins une couronne de cheveux gris qui encerclait son crâne que la lumière du plafonnier rendait brillant. Il portait des lunettes en écaille qui lui mangeaient le visage. Il s'éclaircit la voix.

– Nous connaissons ces deux cargos. S'ils ne sont pas de fabrication récente, ils restent néanmoins très fiables. N'oublions pas que les Américains ont fait main basse sur un maximum de cargos pour transporter leurs équipements de guerre, et parfois à prix d'or. Dans cette guerre qui se prépare les armateurs se taillent une petite fortune. Tout comme les fournisseurs de pelles lors de la ruée vers l'or en Californie. Les chercheurs trimaient le plus souvent sans résultats suffisants pour survivre, tandis que les fournisseurs de matériels en tous genres se remplissaient les poches. Mais revenons à nos bateaux. L'un, le "Liberté" est de taille moyenne, dix-huit mille tonnes et l'autre, la "Mouette", est plus petit, quinze mille tonnes. Tous les deux ont un château arrière et trois bossoirs. Ce sont des porte-conteneurs. Je vous ai apporté des photos, ainsi que des plans. Ces plans sont récents et ont été établis l'année dernière lors du renouvellement des contrats d'assurance. Pour autant que je sache, aucune modification n'a été apportée dans l'équipement, ni dans l'agencement.

Il remit à chacun deux dossiers dans lesquels se trouvaient, pour chacun des deux navires, des photos de tous les équipements et de toutes les structures intérieures. Les bateaux étaient découpés en rondelles avec autant de détails que s'ils avaient été passés dans un tunnel d'IRM.

– Je vais faire défiler quelques diapositives sur l'écran. Ces photos ont été prises il y a seulement trois jours par la reconnaissance aérienne américaine. Ne soyez pas surpris, malgré les tensions entre nos deux gouvernements à propos de cette affaire, la coopération reste d'actualité.

Les clichés étaient très nets. On pouvait voir, accoudés au bastingage ou allongés sur des transats, des marins qui semblaient n'avoir rien d'autre à faire que de se faire bronzer au soleil. Plus troublant, on s'apercevait, sans risque de se tromper, qu'ils étaient tous armés.

– Combien y a-t-il, en temps normal, d'hommes d'équipage sur chaque bateau ? demanda Samuel.

– Quinze en comptant le pacha, le personnel des cuisines, le cambusier, les marins et les représentants de l'organisation humanitaire qui a affrété les cargos.

– Quelle vitesse peuvent-ils atteindre ? Cette fois la question fut posée par Gilles.

– Tout dépend du chargement. On peut dire vingt nœuds, peut-être un peu plus en les poussant au maximum. Mais dans ce cas, cela ne pourrait durer longtemps, au risque d'endommager la machinerie. Si vous avez d'autres questions à poser, je suis à votre disposition.

Les photos défilèrent une seconde fois sur l'écran. On ralluma la lumière et le patron de la D.G.S.E. passa la parole à son collègue des R.G.

– Je n'ai que très peu de choses à vous dire, si ce n'est que des bruits commencent à courir dans le milieu islamique, à propos d'un convoi d'armes parti de Boulogne sur Mer et qui se dirigerait vers l'Irak.

– D'où tenez vous ces informations ? questionna Moshé

– De nos agents infiltrés dans cette mouvance. Comme toujours les propos déforment largement la réalité. Ils disent que c'est une armada qui se déplace et que, compte tenu de la position de la France face au conflit qui se prépare, notre gouvernement prouve ainsi qu'il prend fait et cause pour Saddam Hussein. Tant que ces bateaux croisent au large de l'Irak avec le matériel chargé au Pakistan, nous ne pouvons démentir sans risquer de graves incidents diplomatiques. Nous avons eu des informations inquiétantes en provenance de notre agent à Karachi concernant le nombre d'hommes embarqués avec le matériel militaire. Trente par unité, dit-il dans un silence pesant, ce qui fait au moins soixante hommes armés, en provenance de différents pays musulmans, partis pour prêter main-forte aux combattants irakiens contre le Satan américain. Parmi eux, il y a des kamikazes prêts à se faire sauter avec les bateaux si ceux-ci étaient arraisonnés. En fait, on pourrait même imaginer qu'ils ont truffé les cargos d'explosifs et qu'ils n'attendent qu'un faux pas de notre part pour faire un feu d'artifice dont la déflagration sera entendue dans toutes les capitales du monde. Nous marchons sur de la dynamite

– Si nous les laissons se faire sauter, continua le représentant des Affaires étrangères, nous pourrions annoncer au monde que des terroristes ont coulé des bateaux chargés de vivres et de médicaments à destination des populations menacées par la guerre.

– Que faites-vous des équipages emprisonnés dans les cales ? dit le colonel des forces spéciales. Non, il faut leur rentrer dedans. Ce n'est tout de même pas une soixante d'ordures qui vont faire plier la République française.

Samuel sourit mais ne dit rien. Seulement, dans sa tête, il ajouta au discours belliqueux de ce va-t-en guerre les flonflons d'une marche militaire. Il ne posa qu'une seule question, concernant le genre d'armement embarqué à Karachi.

– Nous n'en savons rien, reprit le représentant de la D.G.S.E.. Nous ne pouvons qu'émettre des suppositions compte tenu du trafic d'armes occulte que nous connaissons. Du petit armement traditionnel, je suppose. En fait je n'en sais rien.

– Moi je sais, trancha l'attaché militaire de l'ambassade d'Israël. Il laissa filer quelques secondes avant de poursuivre. Secondes qui lui permirent de savourer la supériorité, dans cette zone, des services secrets de son pays. Moi je sais, répéta-t-il. Ce ne sont pas des cure-dents qui sont à bord des navires. Nous avons des informations que nous qualifions de fiables.

– D'où les tenez-vous ?

– Vous me permettrez d'être discret à ce sujet. Je sais, ajouta-t-il en souriant, que rien ne transpirera de notre discussion, mais la vie d'hommes est en jeu. Je vous demande de me croire, et pour cela je vais vous faire un petit historique de ce qui nous a amenés à aller voir de ce côté de la mer d'Oman. Les Russes ont, à une certaine époque, fabriqué de grandes quantités de missiles SA-18, missiles comme nous savons dérivés du Stinger américain. Nous savons également que dans les années quatre-vingt, Washington en avait fourni une certaine quantité aux opposants à l'armée russe en Afghanistan. Entre parenthèses, je vous signale qu'Oussama Ben Laden s'y trouvait. Nous n'avons aucune preuve tangible, mais il est vraisemblable que c'était lui le banquier. Pour votre information, il faut que vous sachiez, mais vous le savez certainement, que cette arme n'est pas un gadget, mais représente une réelle menace. Ce missile peut être tiré par un seul homme. Il ne pèse que vingt kilos et peut être aisément transporté dans un sac à dos, style sac de golf par exemple. Mais je ne crois pas que cet équipement soit populaire là-bas, dit-il en souriant cette fois franchement. Ce missile est redoutable puisqu'il peut atteindre son objectif jusqu'à trois mille cinq cents mètres et parfois même à cinq mille mètres en conservant son efficacité. Si bien que, venant de l'ex-bloc soviétique ou des États-Unis d'Amérique, il en circule des milliers que certains réseaux terroristes achètent à prix d'or. Les gouvernements du monde entier sont conscients de la menace que représentent ces armes. À telle enseigne que lors du récent sommet du G8 à Évian, un texte interdisant leur vente a été adopté.

L'atmosphère était devenue lourde. Les intervenants attendaient la suite de la démonstration. Moshé en profita pour allumer son cigarillo sous le regard courroucé du général qui ne supportait pas l'odeur du tabac depuis qu'il avait cessé de fumer. À contre cœur Moshé écrasa son mégot dans le cendrier.

– Voila en ce qui concerne les informations que

nous détenons sur le chargement car, vous l'aurez compris, ce sont bien des missiles de ce type qui ont été embarqués. Nous ne savons pas encore en quelle quantité. Mais nous espérons l'apprendre. Dès que nous serons en possession de ce renseignement, je vous le communiquerai immédiatement. Bien entendu, il y a d'autres armes dans le lot, mais plus conventionnelles. Ce qui nous a mis sur la piste, c'est un article paru dans la presse canadienne signé des initiales B.A. Selon le journaliste, la société CIS Paris a livré à Saddam un carburant pour missiles connu sous le nom de HTPB. Il en serait de même pour la Société Nationale des Poudres et Explosifs, plus connu sous le sigle SNPE, qui aurait conclu avec l'Irak en avril 2002 un contrat portant sur la livraison d'un autre carburant pour fusées. Ces deux sociétés ainsi que le Quai d'Orsay, questionnés, ont démenti.

– Vous en concluez quoi ?

– Rien, dit l'attaché militaire avec un sourire narquois. J'en prends note mais je n'évacue pas ces informations quelque peu troublantes. En revanche, j'émets un doute concernant le nombre d'hommes en armes se trouvant à bord des cargos. Si le chiffre annoncé par les renseignements généraux semble être approximativement exact, il ne l'est pas toujours.

– Expliquez-vous, demanda ce dernier.

– Ils opèrent un roulement de personnel tant que les bateaux n'ont pas l'autorisation de poursuivre leur route. En fait, un tiers des hommes regagne la côte à tour de rôle, et ce pour vingt-quatre heures. Si bien que, pendant quelques heures, ils ne sont qu'une vingtaine à bord de chaque navire. Si nous devions tenter une action en pleine mer, il faudrait le faire pendant cette rotation, qui est longue puisque l'embarcation destinée à ce transbordement passe à l'un et l'autre cargo successivement. Ce qui laisse pour le premier environ quatre heures, et trois pour le second. Me suis-je bien fait comprendre ?

– Parfaitement. Connaissez-vous les horaires, est-ce le matin ou l'après-midi ?

– Oui.

– Pouvez-vous nous les indiquer ?

– Non.

Ce non choqua tout le monde à l'exception de Moshé, de Samuel et de Gilles. Afin de ne heurter personne, l'attaché militaire poursuivit immédiatement.

– Je ne peux pas vous les indiquer, car je ne les connais pas.

– C'est une plaisanterie ! s'énerva le général.

– Non monsieur. Je ne les connais qu'au moment précis où la rotation se fait. Par sécurité, probablement, ils changent régulièrement l'horaire des relèves. Et, à moins d'un incident majeur, j'en suis immédiatement averti.

– Par quel moyen ?

– Permettez-moi, pour cela aussi, de rester discret.

L'assistance fut soulagée de ces explications.

– Que savez-vous d'autre ?

– Je crois n'avoir rien oublié d'utile. Je me répète, si vous envisagez une solution armée par une action des forces françaises, je pourrai peut-être répondre aux questions que vous me poserez, si vous me laissez, bien entendu, le temps d'aller à la pêche aux renseignements. Si c'est Israël qui s'en charge, comme il semble que ce soit l'option retenue, vous n'avez pas besoin d'en savoir davantage. Par courtoisie je reste à votre disposition, mais je suis Israélien et c'est de mon gouvernement que je reçois mes instructions.

– Je vous remercie, dit le représentant de la D.G.S.E.. Je propose de faire une pause le temps de déjeuner. J'en profiterai, au vu de ces dernières informations, pour demander des instructions à mon gouvernement, qui est celui de la France, dit-il en souriant à l'adresse de l'attaché militaire. Puis il ajouta : Nous avons également, dans nos rangs, des hommes de votre trempe et j'apprécie votre franchise. Votre pays est petit mais il est grand par les hommes qui le servent.

Sur ces paroles qui témoignaient d'un respect mutuel, les hommes se séparèrent. Moshé, Samuel et l'attaché militaire partirent ensemble. Gilles, invité à les accompagner, déclina cette offre. Il irait déjeuner avec les représentants de son pays, c'est-à-dire les militaires ainsi que ceux de la sécurité. L'attaché maritime, qui n'avait plus à intervenir au niveau de l'action à mener, ne déjeuna avec aucun des deux groupes. Avant de partir, il prit Samuel à part.

– Il ne fait aucun doute, dans mon esprit, que c'est vous qui serez chargé de cette mission. En fait, j'ai bien l'impression que les dés étaient jetés avant que vous n'arriviez à la réunion. Je crois que ces messieurs, avant de prendre définitivement leur décision, voulaient vous rencontrer pour voir à quoi vous ressemblez. Je les ai bien observés, vous avez remporté le morceau.

– Croyez-vous, répondit Samuel, que ce soit une récompense ? Moi j'appelle ça me jeter dans la gueule du loup.

Ne souhaitant pas répondre, Monsieur Martin serra fortement la main de Samuel, ce qui surprit ce dernier. Il ne s'attendait pas à une telle vigueur de la part de ce petit homme bedonnant.

– Peut-être à une autre fois, dit-il en lui tendant sa carte. N'hésitez pas à m'appeler si vous avez besoin de renseignements complémentaires sur ces cargos. J'aime votre pays. Pas toujours sa politique, mais j'aime la pugnacité et l'amour de ses habitants pour leur patrie. Et puis là-bas, vous êtes chez vous. Personne n'a le droit de le contester.

Samuel posa la main sur l'avant-bras de Martin.

– Merci. Chalom. Que la paix soit sur vous.

– Chalom. Que la paix soit aussi sur vous et surtout avec vous.

Les Français restèrent dans l'immeuble de la D.G.S.E.. Ils allèrent au restaurant situé au dernier étage de l'immeuble et s'installèrent dans un salon particulier, à l'abri des oreilles indiscrètes. Ils tinrent une conférence en déjeunant. Ils se mirent d'accord pour confier définitivement le bébé aux Israéliens. Samuel en aurait la charge, secondé par Gilles qui les tiendrait heure par heure au courant du déroulement des opérations. Ils parlèrent logistique mais ne parvinrent pas à s'accorder sur les moyens à employer. Chaque solution envisagée mettait trop en évidence le soutien français et, malgré le secret absolu qui allait entourer cette action, la moindre fuite pourrait être désastreuse pour la diplomatie française. Finalement, ils se mirent d'accord pour ne rien faire et laisser les Israéliens concocter leur propre plan. Des instructions précises furent données aux R.G., les grandes oreilles, de redoubler de vigilance auprès des mouvances islamiques et de donner l'alerte au moindre soupçon de ces fuites tant redoutées. Mieux encore, il leur fut demandé de faire circuler des rumeurs contradictoires concernant les cargos. En un mot, de dire n'importe quoi afin d'embrouiller les pistes. Finalement ils n'aboutirent à aucune décision constructive ni satisfaisante. Chacun espérait que les Israéliens avaient un véritable plan.

Les trois Israéliens, quant à eux, craignant les oreilles qui traînent dans les restaurants, s'étaient contentés de sandwichs et de canettes de bière qu'ils dégusteraient dans un jardin à proximité sous un doux soleil de mars, à l'abri d'arbres bien feuillus. Ils eurent un moment d'inquiétude lorsqu'un grand gaillard, tiré à quatre épingles, aux épaules carrées et pas rembourrées avec de la ouate, posa le pied sur leur banc. Il sortit de sa poche un *kleenex* avec lequel il frotta sa chaussure. Puis il se releva, regarda autour de lui. Plus loin, une jeune femme lui faisait signe. C'était un galant qui avait rendez-vous. Samuel ne savait pas pourquoi mais il incrusta le visage de l'homme dans sa mémoire. L'incident passé ils reprirent leur discussion. Très vite ils se mirent d'accord. Moshé passa quelques coups de téléphone.

– Dans une heure, annonça-t-il, les commandos marins seront prêts à partir pour n'importe quelle direction, avec armes et bagages. Il faut que nous retournions à l'ambassade pour mettre au point définitivement tous les détails et travailler sur les cartes. Nous aurons peut-être besoin d'un avion de ligne d'Air France. J'espère qu'il n'y aura pas de difficultés de ce côté. Dans le cas contraire, il nous faudra l'appui des Américains. J'avoue que je préférerais cette solution. Qu'en penses-tu Samuel ?

– J'ai mon idée là-dessus.

S'adressant à l'attaché militaire de l'ambassade, il lui demanda s'il pouvait contacter son homologue de l'ambassade des États-Unis et le prier de se joindre à eux au plus vite. Celui-ci passa un coup de fil et obtint immédiatement son correspondant qui accepta. Le rendez-vous fut pris pour dix-sept heures. Il était quatorze heures. Ils avaient du temps devant eux pour affiner leur stratégie. Encore fallait-il que le Premier ministre donnât son accord. Ils décidèrent de retourner à la D.G.S.E., pour faire connaître leurs décisions sans rentrer dans les détails. En chemin, Samuel énonça les grandes lignes de son plan.

– Excellent, dit Moshé. Il n'en dit pas plus mais sortit de sa poche un cigarillo qu'il alluma avec un grand sourire.

– Tu m'en donnes un ? demanda Samuel.

– Pourquoi faire ?

– Pour jouer avec.

– Tu es nerveux ?

– Je pense à Zoav.

À contrecœur Moshé lui tendit un cigarillo qu'il sortit lui-même du paquet.

– Tiens. Mais c'est la première et la dernière fois que je te fais un tel cadeau.

Samuel le déchiqueta et le jeta. Il regarda son chef en souriant. Il se sentait mieux. Comme le matin, les trois hommes durent passer à la fouille avant de pénétrer dans le saint des saints. Un planton les mena à la salle de conférence où les attendaient ces messieurs. Avant d'entrer, Samuel eut une intuition. Il demanda au planton de le reconduire à l'entrée. À la porte il rencontra le malabar à la chaussure propre, ce qui ne le surprit qu'à moitié. Ils se fixèrent. Samuel avait un grand sourire, il était satisfait de ne pas s'être trompé. Le type lui souriait également, agitant ses mains devant lui, ce qui voulait dire qu'il n'y était pour rien, qu'il agissait sur ordre. Puis Samuel, toujours escorté du chien de garde, rejoignit le groupe qui l'attendait.

– Rebonjour, Messieurs, dit-il en s'asseyant. Pouvez-vous m'expliquer pourquoi vous nous faites suivre ? Manquez-vous de confiance en nous ? Et dans ce cas pourquoi ce manque évident de discrétion ?

– Non, répondit Gilles. C'est sur mes instructions. L'homme qui vous a suivis, ainsi que la femme que tu as dû remarquer, étaient là pour vous protéger pour le cas où. Quant au manque de discrétion, comme tu le dis, c'est volontaire, afin que tu saches sur qui t'appuyer en cas de problème. Satisfait ?

– Satisfait. Et toi, Moshé, satisfait ?

– Satisfait.

– Bon, intervint le chef de la D.G.S.E., puisque tout le monde est satisfait je pense que nous pouvons reprendre notre discussion. En vérité et pour être très franc, nous n'avons rien mis au point qui nous convienne. Et vous ?

– Nous nous sommes mis d'accord sur une stratégie. Il nous faut maintenant en affiner les détails.

– Ce qui veut dire que vous vous chargez de l'opération ?

Samuel se tourna vers Moshé. Ce n'était pas à lui de répondre mais à son chef. Celui-ci prit la parole.

– Nous nous chargeons de cette mission, que nous allons mener sans vous. Indépendamment du contact que vous aurez avec votre agent, en l'occurrence Gilles Le Brennec, vous ne saurez rien du déroulement des opérations, sauf à la fin.

– C'est-à-dire ?

– Vous saurez alors si nous avons réussi ou échoué.

– Ce n'est pas possible. Nous exigeons une étroite collaboration et l'étude de votre plan avant son exécution. Nous pourrions ne pas être d'accord.

– Dans ce cas, nous nous retirons, dit froidement Moshé.

– Ceci ne fait pas partie de nos accords. Nous vous avons prêté main-forte pour la libération des otages à la condition que vous vous occupiez des cargos

– C'est bien ce que nous avons l'intention de faire. Pour votre gouverne, nous ne nous sommes pas engagés à agir sous votre contrôle. Nous allons tenter, comme promis, de vous tirer cette épine du pied. Ne nous en demandez pas davantage.

– Et si nous refusons ?

– Dans ce cas, c'est vous qui nous retirez une épine du pied. Croyez-moi, cette mission ne nous enchante pas. Si vous nous la retirez, nous ne vous en voudrons pas.

La perplexité se lisait sur le visage de l'homme de la D.G.S.E.. Du regard il chercha l'avis de chacun des participants de son groupe et ne trouva aucune réponse. Il décida alors de suspendre la conférence quelques instants.

– Vous comprendrez que je ne puisse, seul, prendre cette décision. Nous allons nous retirer quelques instants pour en débattre. Ce ne sera pas long. Je vais vous faire servir quelques boissons en attendant.

Ils se levèrent pour aller dans un bureau contigu. Gilles sortit le dernier. Au moment de franchir la porte il se retourna, fixa Samuel et lui fit un clin d'œil que ce dernier lui renvoya aussi vite.

Lorsque les fonctionnaires français se furent installés à l'écart, le chef de la D.G.S.E. décrocha le téléphone et demanda à parler au Premier ministre. Quelques instants plus tard il était en ligne.

– Mes respects monsieur le Premier ministre. Je me suis permis de vous appeler au sujet de l'affaire des cargos.

– Je vous écoute.

Les explications furent courtes, la communication vite terminée.

– Nous devons attendre une réponse. Le chef du gouvernement est allé en référer au Président.

Dans l'autre salle, les trois Israéliens attendaient patiemment en buvant du café. Aucune phrase ne fut échangée par crainte de micros dissimulés. Un quart d'heure plus tard la porte s'ouvrit laissant passer la délégation française. Le silence était de rigueur. Le groupe de l'Etat hébreu ne manifestait aucune impatience. Lorsque tout le monde eut rejoint sa place, l'homme de la D.G.S.E. se leva pour prendre la parole. L'instant étant non seulement solennel, mais la décision française allait être cruciale pour la suite de la mission.

– Le Premier ministre après avoir informé le Président de votre demande m'a fait savoir que la France confiait à Israël, sous son entière responsabilité, le soin de mener à bien l'opération qu'il a baptisé "César". En cas de réussite, Israël ne devra jamais faire état de cette affaire. S'il le faisait, les relations entre nos deux pays s'en ressentiraient. En cas d'échec, Israël prendra toute la responsabilité des conséquences qui s'ensuivraient et ne devra en aucun cas mentionner la participation de la France. Êtes-vous d'accord ?

– Une question avant de nous engager. Pourquoi appelez-vous cette opération "César" ? demanda Moshé.

Le patron de la D.G.S.E. sourit.

– C'est en référence au proverbe qui dit "Il faut rendre à César ce qui appartient à César". En l'occurrence les armes doivent être rendues à ceux à qui elles appartiennent.

– Je préférerais appeler cette opération "David".

– Pourquoi ?

– David était petit face à Goliath comme Israël est petit face à ses ennemis. David, grâce à sa ruse et son intrépidité, a avec l'aide de Jéhovah, vaincu le géant. De plus, c'est une opération israélienne.

– Personnellement je n'y vois pas d'objections. Toutefois il consulta du regard le reste de sa délégation qui confirma son accord. Est-ce à dire que vous acceptez les termes du contrat ?

– Oui, répondit Moshé.

La séance était levée. Les hommes se séparèrent. Samuel prit Gilles à part.

– Nous allons prendre toutes les décisions avant la fin de l'après-midi. Je pense que tu devrais rentrer chez toi préparer ton paquetage. Nous risquons de partir à n'importe quel moment.

– Pour où ?

– Pour *Pitchipoï*.

– Où est-ce ?

– Dans l'imaginaire.

– Tu te prends pour James Bond, dit Gilles avec un grand sourire. J'attends ton appel. Je serai prêt.

Ils se donnèrent l'accolade. Plus grand que son homologue, Samuel alla même jusqu'à lui déposer une bise sur le front. Gilles le repoussa en riant. L'homme de la D.G.S.E. eut le mot de la fin.

– Lorsque l'affaire sera terminée, nous pourrons marier ces deux-là.

La tension était retombée. L'entente parfaite. La rage et l'espoir de vaincre vivaient au sein des deux alliés. La France et Israël allaient combattre ensemble.

Chapitre XI

Il n'était que seize heures trente lorsqu'ils arrivèrent à l'ambassade. Ils furent immédiatement reçus par l'ambassadeur qui les attendait. Ils n'avaient qu'une demi-heure pour préparer l'entretien qu'ils allaient avoir avec l'attaché militaire de l'ambassade des États-Unis. Samuel expliqua de nouveau son plan.

– Il faut mettre les Américains dans la confidence. Eux-mêmes ne tiennent pas à ce que cette histoire s'ébruite. De plus, ils ont sur place, toute la logistique nécessaire à la réussite de cette action.

Il prit une feuille de papier qu'il remplit rapidement et la tendit à Moshé.

– Voici ce que nous devons obtenir d'eux.

– C'est beaucoup.

– Mais irréalisable sans cela. De plus, c'est urgent. La décision doit être prise immédiatement.

Moshé, peux-tu nous réserver deux places dans le premier avion d'El Al ?

– Pour qui la deuxième place ?

– Gilles Le Brennec.

– Je m'en charge, intervint l'ambassadeur.

Il appela son nouveau secrétaire et lui donna les instructions. Celui-ci revint quelques minutes plus tard.

– C'est fait. Présentez-vous ce soir à vingt-deux heures au comptoir d'El Al avec ce document signé de monsieur l'ambassadeur.

Ce dernier apposa sa signature et tendit le papier à Samuel qui, immédiatement, téléphona à Gilles pour l'avertir. Ils se retrouveraient à Orly.

– Ne prends pas d'arme avec toi. Tu trouveras tout sur place. A tout à l'heure.

Il leur restait un petit quart d'heure avant l'arrivée de l'Américain. Samuel demanda à Moshé de le suivre. Ils s'excusèrent et se retirèrent dans le salon d'attente.

– Je voudrais que tu me rendes un service.

– Dis toujours.

Samuel sortit son carnet. Griffonna quelques mots et glissa la feuille dans une enveloppe qu'il scella. Dans une autre enveloppe, qu'il ne ferma pas, il mit une épaisse liasse de billets. Puis il les tendit à Moshé.

– Je voudrais que tu portes ça à Liza, au Grand Hôtel Intercontinental, près de la place de l'Opéra, chambre 222. Elle t'attendra à vingt-deux heures. Je vais la prévenir. Seulement c'est moi qu'elle espérera. Je compte sur toi pour lui expliquer ce que tu veux, mais avec élégance. N'oublie pas que cette fille nous a rendu de fiers services et qu'elle mérite toute notre considération.

– Dans ce cas, tu ne crois pas que le fait de lui donner de l'argent ne la vexe ?

– Tu as raison et j'y ai pensé. Je voulais lui acheter un bijou avant de partir, mais je n'ai pas eu le temps.

– Je vais demander à l'ambassadeur d'envoyer une de ses collaboratrices en acheter un pendant notre réunion. Que veux-tu qu'on lui offre ?

– Je pense qu'un joli bracelet de chez *Chanel* dans le style de sa montre, noir et or, lui conviendrait parfaitement.

– Tu coûtes cher à l'Etat.

– Ne joue pas les pingres. Je t'ai connu plus grand seigneur. Je pars comme je suis. Ramasse mes affaires à l'hôtel et fais-les moi parvenir à Tel-Aviv. Bon, maintenant laisse-moi, je vais lui téléphoner.

Il composa le numéro de Liza dès que Moshé fut sorti. Il s'excusa de n'avoir pu l'appeler plus tôt dans la journée et lui donna rendez-vous à l'hôtel à vingt-deux heures. Il lui dit quelques mots gentils et la remercia pour tout ce qu'elle avait fait pour lui.

– Pourquoi me dis-tu tout cela ?

– Parce que je voulais que tu le saches.

Il raccrocha et appela l'hôpital. Zoav s'était éteint une heure plus tôt.

– Non il n'était pas seul, lui répondit l'infirmier. Il y avait une dame de là où il travaille.

Samuel raccrocha. Il était pâle. Des larmes perlèrent à ses yeux. Il les essuya furtivement. Moshé s'en aperçut dès qu'il le vit entrer. Samuel prit place près de lui.

– Donne-moi un de tes foutus cigarillos.

– Pourquoi ? Il y a un problème ?

– Zoav est mort.

Il accepta la flamme que lui tendait l'ambassadeur. Tandis que Samuel allumait son cigarillo, ce dernier ajouta :

– Je venais de l'apprendre par une de mes collaboratrices. Je croyais que vous étiez déjà au courant.

Samuel s'emplit la bouche de fumée, toussa et écrasa le cigarillo dans le cendrier.

– Est-ce vous qui avez envoyé quelqu'un le veiller à l'hôpital ?

– Oui.

– Merci.

L'ambassadeur ne répondit pas. Il alluma à son tour une cigarette. Il essuya une larme que probablement la fumée avait provoquée. Enfin, c'était ce qu'il voulait faire croire. Il connaissait Zoav depuis longtemps et ils avaient travaillé ensemble sur d'autres dossiers. Moshé posa sa main sur le bras de Samuel. Il était dix-sept heures, le secrétaire d'ambassade introduisit John Mac Golden, l'attaché militaire US. Grand, large, le menton carré, le cheveu grisonnant taillé en brosse. Il salua ses interlocuteurs un par un, se présentant à chaque fois. La réunion pouvait commencer. Ce fut l'ambassadeur qui prit le premier la parole. Il était chez lui, cela lui revenait de droit.

– Merci monsieur Mac Golden, malgré vos nombreuses occupations, d'avoir accepté d'être présent à cette réunion impromptue.

– Pas de problèmes. Les relations entre nos deux pays sont suffisamment étroites pour que nous puissions, en cas d'urgence, répondre présent.

– L'urgence dont il est question est cette malheureuse affaire des cargos en mer d'Oman. C'est du domaine franco-français. Normalement nous n'aurions pas dû, nous Israël, intervenir. Mais il s'avère que certains accords pris avec le gouvernement français nous plongent dans cette situation.

L'ambassadeur expliqua l'histoire des otages ainsi que l'aide apportée par les services secrets français. Il expliqua également les accords conclus et l'implication d'Israël dans une affaire qui normalement n'aurait pas dû le concerner. Il dit, que pour mener à bien cette opération, avoir besoin d'une collaboration étroite avec les USA. Puis il donna la parole à Moshé, qui dévoila le plan établi par Samuel et énonça les besoins indispensables pour la réussite de leur mission.

– Besoins, qu'en l'état actuel des forces américaines dans le secteur vous êtes les seuls à pouvoir satisfaire rapidement.

John Mac Golden opina de la tête. Il prit largement le temps avant de répondre. Enfin il se décida.

– Tant que la France était seule dans le coup, je ne pense pas que notre président aurait accepté de bouger un doigt. Actuellement la France n'est pas en odeur de sainteté dans mon pays, et si le peuple américain avait appris que nous nous engagions à ses côtés alors qu'elle est le chef de file de la contestation mondiale, nous aurions eu de sérieux problèmes à gérer. Mais puisqu'il ne s'agit maintenant que de vous, il y a de fortes chances pour que votre demande soit acceptée. Mais, je ne peux pas, seul, prendre cette décision.

Samuel s'agita sur sa chaise. Il était tendu. Il savait que dans cette affaire le temps était compté. La guerre, malgré les délais sans cesse repoussés, pouvait se déclencher à chaque instant. L'Amérique était prête. Et puis il y avait une autre menace : les SA 18 ou les Stinger pouvaient à chaque moment changer de destination et être transférés dans une zone proche d'Israël ou même livrés à des organisations terroristes sévissant dans les territoires. La menace était vraisemblable. Son pays ne pouvait, en aucun cas, prendre le risque que cet armement tombe entre les mains de ses ennemis. C'était une des raisons pour lesquelles Israël avait accepté le marché, préférant faire le ménage lui-même. C'est ce qu'il soutint face au représentant américain. Il ajouta encore :

– Nous avons tout organisé. Je pars ce soir pour Tel-Aviv prendre le commandement d'une unité d'élite de la marine émanant des forces spéciales de la Sayéret Markal. Je ne peux imaginer un seul instant que vous nous laisseriez aller à la nage investir les cargos. Il y a ici un bureau isolé d'où vous pouvez appeler Washington avec un téléphone sécurisé et parfaitement discret.

– Je ne peux le faire sans en référer à notre ambassadeur.

– Conviez-le à se joindre à nous. L'affaire est importante.

– Je ne connais pas son emploi du temps.

– Votre ambassade est à cinq minutes de la nôtre. Nous ne lui demandons qu'une heure.

– Non, je préfère lui expliquer la situation chez nous. Permettez-moi de l'appeler. Où est ce putain de téléphone ?

Lorsqu'il pénétra de nouveau dans la salle de conférence, il arborait un grand sourire.

– Vous m'avez persuadé. Je vous prie de m'accompagner, dit-il s'adressant à Samuel, vous défendrez mieux que moi votre dossier. Vous êtes un veinard, il accepte de nous recevoir tout de suite.

La fouille à l'entrée de l'ambassade des États-Unis était impitoyable. En raison des menaces terroristes la sécurité ne laissait rien au hasard, et cela bien que Samuel fût accompagné de John Mac Golden. L'ambassadeur US ne les fit pas attendre. Il les accueillit à la porte de son bureau. Bien que de taille moyenne mais légèrement bedonnant, il se mouvait avec aisance. Il s'installa derrière son bureau tandis que les deux visiteurs prenaient place, face à lui, dans de confortables fauteuils de cuir. Bien entendu il leur proposa un café qu'il servit lui-même. Son regard était vif et scrutait sans gêne Samuel. L'examen l'avait probablement satisfait puisqu'il souriait lorsqu'il s'adressa à lui.

– Que puis-je faire ou plutôt, que peut faire mon pays pour vous ?

Sans perdre un instant Samuel raconta toute l'histoire. Il n'omit aucun détail, à l'exception de la fameuse liste des fournisseurs d'armes de l'Irak, certains ressortissants des États-Unis y étant impliqués. Il ne voulait pas que l'attention soit déviée. Il se promettait de le faire plus tard. En revanche, il lui tendit l'état écrit des demandes qu'il venait de formuler à haute voix.

– C'est beaucoup demandé.

Il n'en dit pas davantage mais relut la requête avec plus d'attention.

– Pouvez-vous m'en dire davantage sur votre plan ? Profitez-en pour me dire à quoi vont servir les cargos supplémentaires que vous demander.

Samuel s'exécuta. Il omit, volontairement, de répondre à la deuxième question. L'ambassadeur ne le quittait pas des yeux.

– Et concernant ma question sur les cargos ?

– Pour le cas où les deux cargos pirates seraient coulés. Pour récupérer les marins français et le personnel de l'humanitaire.

– Et l'armement ? Vous en faites quoi ?

– J'ignore encore, répondit Samuel en souriant. Peut-être une prise de guerre.

– C'est gonflé, dit ce dernier lorsque Samuel eut fini. C'est gonflé, mais ça peut marcher.

– Je me porte garant de la réussite.

– Vous n'avez rien à perdre.

– Si, ma vie et celles de mes camarades.

La dernière remarque de Samuel imposa le silence. L'ambassadeur compulsa sa montre.

– En raison du décalage horaire, il est peut-être un peu tôt pour appeler Washington. Le président doit être en train de déjeuner.

– Téléphonez-lui quand même !

– C'est ce que je vais faire. Attendez-moi dans le bureau d'à côté. Je vais essayer de lui parler.

Dix minutes plus tard l'ambassadeur vint les rejoindre.

– Je viens de lui parler, il n'était pas encore à table. Il va vous falloir attendre. Il souhaite prendre conseil auprès de ses collaborateurs.

– Combien de temps ? Questionna Samuel.

– Je ne sais pas. Une heure, deux heures, peut-être plus. Ce n'est…

– Trop tard, coupa Samuel en se levant. Il est près de dix-neuf heures. Je dois être à Orly à vingt-deux heures

– Asseyez-vous jeune homme ! tonna l'ambassadeur, et réfrénez votre impatience. Votre affaire est en bonne voie. Le président n'est pas une marionnette qu'on manipule au gré de ses désirs. Si vous manquez votre avion, vous prendrez le suivant. Attendez tranquillement ici.

Je vais vous faire apporter des boissons et des sandwichs pour vous aider à passer le temps. Je dois malheureusement vous abandonner quelques instants. Pour vous recevoir il a fallu que je décale des rendez-vous. Je vais maintenant les recevoir, mais je vous rassure, je passe votre affaire en priorité. S'adressant à John Mac Golden, il le pria de le suivre dans son bureau.

Au moment de quitter la pièce, il se retourna et pointa son pouce en l'air.

– Je suis dans votre camp. Je vous promets de faire tout ce qui est en mon pouvoir pour vous aider. Restez calme. *"Wait and see"*.

Samuel resta seul. Il avait confiance. Il attaqua avec appétit les sandwichs qu'on venait de lui apporter. Le secrétaire vint le chercher une heure plus tard. Il ne fallut que dix minutes à Samuel pour remercier l'ambassadeur de l'aide que les États-Unis mettaient à sa disposition, plier les documents officiels accréditant ses différentes demandes, qu'il enfouit dans la poche de sa veste et sauter dans la voiture qui, dix autres minutes plus tard, le déposait devant l'ambassade d'Israël où Moshé l'attendait.

En quelques mots il l'informa de son entrevue. Il était presque neuf heures du soir. David Smadja, au volant de la voiture de l'ambassade, mise à sa disposition, l'attendait devant la porte.

– Fonce à Orly, lui jeta Samuel. Grouille-toi, nous ne sommes pas en avance.

– Fais-moi confiance. Tu auras ton avion, foi de David.

Samuel ferma les yeux quelques instants. Il avait besoin de remettre de l'ordre dans ses esprits. L'après-midi avait été chargé. À ses pieds il y avait une petite valise.

– Qu'est ce que c'est ? demanda-t-il à Moshé.

– Quelques affaires de toilette et du linge de rechange. Tu te changeras dans l'avion, comme ça, tu seras beau pour rentrer au pays.

– Merci.

– Il y a aussi ton flingue et les objets que tu avais laissés chez Martha. À propos, elle t'embrasse et souhaite te revoir avant qu'elle ne soit trop vieille. Tu sais elle n'est plus toute jeune, tout peut hélas arriver. Ce serait bien que tu viennes passer quelques jours de vacances à Paris avec Yaël. Elle ne l'a jamais vue. Elle voudrait la connaître. Ah ! Oui, il y a autre chose.

– Quoi ?

– Elle voudrait que tu fasses des enfants. Il est tellement beau, m'a-t-elle dit, que ce serait du gâchis de ne pas avoir d'enfants qui lui ressemblent. – Puis après un court silence, il ajouta – Tu veux voir le bijou pour Liza ?

– Non, je te fais confiance.

Tandis que Samuel ôtait les gadgets qu'il avait sur lui et les échangeait avec ses propres affaires, il raconta dans le détail les aides que lui apportait la Maison Blanche. La circulation était dense, mais ça roulait. David conduisait de main de maître.

– As-tu des nouvelles de Leïla, Sa Dame ?

– Oui. Elle ne dit rien. Une sacrée bonne femme. Elle croit en son combat et semble vénérer Saddam Hussein.

– Les autres ?

– Rien de plus de ce que t'a dit le banquier. En fait, celui-là n'est qu'un pion. Il n'arrête pas de parler pour ne rien dire. Il espère qu'après la guerre on lui en tiendra compte. Aucun patriotisme chez cet homme. Il se vend au plus offrant, et pour n'importe quel prix. Son arrestation l'a déboussolé, il n'a plus de tarif.

– Et Oussama ?

– J'y viens. Nous n'avons pas mis longtemps à le faire parler. Tout à coup, paraît-il, il s'est dégonflé comme une baudruche. Un vrai moulin à paroles. Il nous a donné les adresses des réseaux en activités et même des réseaux dormants. Impossible de l'arrêter. Je ne suis même pas certain qu'il n'en ait pas inventé pour nous faire plaisir. Un plein d'adresses de clandestins parmi lesquels il semblerait qu'il y ait un potentiel kamikaze. Mais cela n'est encore pas prouvé. Gilles s'est régalé. Les perquisitions sont en cours, les arrestations aussi. Une vraie toile d'araignée. Nous avons reçu un message de remerciements du patron de la D.G.S.E.. La D.S.T. s'est également jointe à ce message, car si certains renseignements concernent plus particulièrement les intérêts français dans quelques pays étrangers, aussi bien en Europe que dans le reste du monde, où les risques d'attentats existent sérieusement dans le cas où l'Élysée changerait sa politique, cela concerne également les affaires intérieures de la France et j'irais jusqu'à dire la paix civile.

– Qu'allez-vous faire d'eux ?

– Nous les remettrons au gouvernement français dès que ta mission sera terminée.

– Dis-moi, à propos de Leïla, crois-tu qu'elle a été vraiment la maîtresse du Raïs ?

– Je n'ai pas d'avis à ce sujet. Les histoires de cœur sont surtout de ton ressort.

– Mais encore ?

– Ce n'est pas impossible. Ce qui n'est pas impossible peut être possible, dit-il d'un ton sentencieux.

Samuel le regarda du coin de l'œil en souriant.

– Je crois que tu as besoin de repos.

– Je le crois aussi.

Ils restèrent un moment silencieux. Ils étaient arrivés dans les parages de l'aéroport. On voyait dans la nuit tombée briller les lumières d'Orly.

– Qu'as-tu prévu pour Zoav ? demanda Samuel.

– Il prend le même avion que toi. Il retourne au pays. Sa famille est prévenue.

– Bon. Très bien.

Gilles les attendait au comptoir de la compagnie El Al. Il s'était mis à l'écart, une petite valise à ses pieds.

– Tu n'as pas oublié ta brosse à dents ? lui demanda Samuel.

– Comment as-tu deviné ? Ça ne fait rien, tu me prêteras la tienne.

– Allez, intervint Moshé, il est temps de passer la sécurité. Suivez-moi.

Ils s'apprêtaient à contourner la longue file d'attente devant l'enregistrement des bagages lorsque Samuel fut abordé par un inconnu.

– Vous êtes monsieur Bounaix ? dit-il avec un fort accent américain.

– Ça dépend de qui le demande.

L'inconnu sourit. Il avait la taille d'un joueur de basket et bien que Samuel fût déjà grand, il le dépassait d'une tête. Le visage carré, les yeux bovins, les cheveux coupés à la légionnaire, il avait tout du cowboy tel qu'on pouvait l'imaginer. Si l'homme semblait jovial, Samuel se doutait que ce n'était qu'une façade. L'Américain dirigea sa main vers la poche intérieure de sa veste. Samuel s'en saisit et bloqua son geste. Les deux hommes se foudroyèrent du regard.

– Je ne veux que retirer ma carte. Je ne suis pas armé. Puis-je ?

Gilles était derrière l'inconnu et avait pointé son doigt sur son dos.

– Retire ta main doucement.

L'homme obtempéra sans pour autant se départir de son sourire. Samuel le palpa rapidement. Il avait dit vrai, il n'était pas armé.

– Prenez mon portefeuille, vous trouverez ma carte.

– Peter Faller de la C.I.A.. Qu'est-ce que vous voulez ?

– Je voyage avec vous. Si vous permettez, dit-il en retirant lentement d'une autre poche une enveloppe qu'il tendit à Samuel. Voici les documents qui m'accréditent auprès de vous.

Samuel s'en empara, les parcourut rapidement et les tendit à Moshé.

– Je n'étais pas au courant. Que vient foutre la C.I.A. dans ce bordel. Tu le savais ? demanda-t-il à Gilles.

– Non.

– Hors de question de nous embarrasser de vous, dit Samuel à l'Américain.

– Hors de question de vous laisser partir sans moi. Au lieu de vous exciter, vous devriez m'écouter un instant.

– Faites vite, nous allons être en retard pour l'embarquement.

– N'ayez crainte. Il ne partira pas sans vous. J'ai reçu de l'ambassadeur des États-Unis la mission de vous accompagner sur instruction du Président, juste après votre départ de l'ambassade.

– Pourquoi ? Et quel est exactement l'objet de votre mission ?

– Pourquoi, je l'ignore. Je dois vous accompagner et faire mon rapport.

– C'est tout ?

– C'est tout.

– Moshé, dit Samuel, les documents semblent être en règle, mais je préfère une vérification. Qu'en penses-tu Gilles ?

– Je ne pense plus. Je n'y comprends rien. Je ne vois pas pourquoi on nous a filé cet amerloque dans les jambes.

– Parce que ce sont les dernières conditions de la Maison Blanche, dixit l'ambassadeur d'Israël que je viens d'avoir au téléphone, lui répondit Moshé. Ils n'ont pas eu le temps de nous prévenir, mais c'est à prendre ou à laisser.

– Je prends, répondit Samuel, je n'ai plus le choix. S'adressant à Peter : Vous ne ferez rien, vous ne poserez aucune question. Si j'ai bien compris, vous êtes là en tant qu'observateur, alors observez. C'est tout !

– Non, ce n'est pas tout. Je dois contresigner toutes les demandes de matériel que vous produirez auprès des autorités militaires américaines. Sans moi, vous ne pourrez rien obtenir. Vous voyez bien que je serai utile, ajouta-t-il en souriant. Allons, dit-il d'un ton engageant, faisons la paix. Nous sommes dans la même galère. *Shake hand*, Samuel ?

– Vous connaissez mon nom ?
– Vous êtes surpris ?
– Non. Shake hand Peter. Je vous présente Gilles de la D.S.T..
– Je connais.
– Vous connaissez tout le monde ?
– Non, pas lui, dit-il en désignant Moshé.
– Lui, c'est rien, dit Samuel en riant. Allons, il est temps d'embarquer. Avancez, je vous rejoins.

Il les laissa s'éloigner de quelques mètres et resta seul avec Moshé.

– Je ne doute pas un seul instant de la réussite de ta mission, d'ailleurs tu n'as pas d'autre alternative, dit ce dernier.
– Je le sais. Il y a beaucoup trop de monde dans cette opération. Essaie de calfeutrer au mieux les infos à ce sujet. Surtout que les services français ou américains ne laissent rien filtrer.
– Je ferai au mieux. Dis-moi Samuel, quand tu auras réussi le transbordement des armes, qu'en feras-tu ?
– Je vais les rendre à leur propriétaire.
– Tu me fais marcher.
– Non, pourquoi ? répondit Samuel sur un ton angélique.
– Pour rien, répondit Moshé sur le même ton.
– Tu crois que Zoav est déjà embarqué ?
– Probablement. Quand tu réciteras le *Kaddich* sur sa tombe, ajoute ma prière.
– Je le ferai. Chalom Moshé.
– Chalom Samuel. Que Dieu veille sur toi.

Les deux hommes se donnèrent l'accolade. Samuel

ferma les yeux un instant. Lorsqu'il les rouvrit, il vit à l'autre bout de la grande salle, une espèce de gnome poussant un chariot rempli de valises. Ils se regardèrent un instant. Samuel lui fit un geste de la main auquel le nain répondit par un sourire.

L'opération "David" était lancée.

Chapitre XII

Samedi 8 mars 2003.

L'avion avait décollé avec une heure de retard et atterrit dans la nuit à l'aéroport de Lod. Samuel avait vu par le hublot les lumières de Tel Aviv. Comme à chaque fois qu'il revenait au pays, il ne pouvait s'empêcher d'avoir un pincement au cœur. Cette fois, c'était différent, il allait défendre son pays de l'intérieur et partir pour accomplir une mission particulièrement dangereuse. Quand les trois hommes foulèrent le sol d'Israël, Samuel leur souhaita la bienvenue en *Eretz*. Un officier de la police de l'aéroport les attendait au pied de l'avion et les conduisit, sans passer par la sécurité, jusqu'à une voiture qui les mena au Q.G. des forces spéciales de Sayèret Markal, en dehors de la ville. S.Y. avait dormi pendant tout le voyage. Il se sentait en pleine possession de ses moyens. Il lui tardait de passer à l'action.

Ce samedi serait encore un jour où les diplomates des grandes puissances continueraient de s'agiter afin d'éviter une guerre que certains ne voulaient pas. C'est ainsi que le président français Jacques Chirac et de Villepin, son ministre des Affaires étrangères, téléphoneront aux gouvernants des pays indécis afin de les rallier à leur camp, annonçant du même coup que la France, au nom d'un principe moral, s'opposerait à toute résolution de l'ONU allant dans le sens de la guerre.

Alors que les ressortissants de tous les pays quittaient l'Irak précipitamment, Tony Blair, le Premier ministre britannique, partisan d'une action armée contre l'Irak, était plus isolé que jamais au sein de son propre groupe.

Tandis que le général Sir Mike Jackson, chef des armées du Royaume Uni, inspectait le premier bataillon du Régiment Royal Irlandais et se disait "Juste un peu inquiet des conditions de vie trop confortables pour la troupe", l'Etat d'Israël préparait sa défense face à une guerre qu'il ne désirait pas.

Ce jour-là, Saddam Hussein annoncera au monde entier que Bagdad deviendra "le Stalingrad de la Mésopotamie".

La voiture s'arrêta devant la grande porte grillagée du camp d'entraînement. Les vérifications furent longues. L'officier de garde ne laissait rien au hasard. Il aurait été impossible de passer une aiguille sans qu'elle fût découverte. Les trois hommes descendirent de la berline pour monter dans une jeep qui démarra aussitôt.

– Pourquoi nous faites-vous changer de voiture? Demanda Samuel au chauffeur.

La réponse fut laconique.

– Sécurité.

Inutile d'insister, pensa Samuel, il ne dirait rien de plus. Averti de leur arrivée, le commandant Ariel Stern, assisté de son état-major, les attendait dans la salle des cartes. Il se leva à leur arrivée et les présenta à ses officiers.

– Vous souhaitez peut-être prendre un peu de repos avant de commencer le briefing ?

– Non. Nous n'en avons pas le temps. Si vous voulez bien, commençons de suite. Avez-vous reçu notre dernier message ?

– Oui. Les hommes sont prêts. Pour le moment ils se reposent, mais ils sont prêts à partir dans les deux minutes.

– Bien. Combien sont-ils ?

– Deux pelotons de douze, officiers et sous-officiers compris. Tous des plongeurs confirmés.

– Le transport ?

– Un avion de l'US Air Force est prêt à décoller de notre base militaire. Il ne lui manque qu'un document que Peter Faller doit remettre au pilote. Document que je dois contresigner.

– Vous voyez que je sers à quelque chose, intervint l'Américain. Le voici.

Ariel Stern en prit connaissance. Il y apposa sa signature.

– Tout est en règle. Voulez-vous parler aux hommes ?

– Non, répondit Samuel, je le ferai dans l'avion pour gagner du temps. Pouvons-nous partir dès à présent ?

– Vous ne voulez pas manger un morceau avant ?

– Non. Faites porter la nourriture dans l'avion. Nous nous restaurerons à bord. Excusez-moi commandant, mais nous n'avons que peu de temps devant nous. Les Américains nous soutiennent pour le moment, mais ils peuvent changer d'avis à chaque instant, dit-il en regardant Peter dans les yeux. De plus je compte sur l'effet de surprise.

Il se leva.

– Nous y allons ?

– Oui. Nous y allons.

Le commandant donna des ordres. Samuel, Gilles et Peter rejoignirent la jeep, cette fois accompagnés du commandant Stern. Direction le terrain d'aviation. À l'instant où ils grimpaient dans la voiture, des hommes sortirent en courant d'un baraquement et s'engouffrèrent dans trois 4X4 qui démarrèrent sur les chapeaux de roues. Le jour se levait dans un ciel sans nuage. La luminosité était étrange, un bleu tendre qui traversait un voile indéfinissable et semblait ménager une surprise. Samuel savait que dans l'heure qui suivrait ce bleu deviendrait intense, éclatant. L'avion de l'US Air Force, entouré d'un cordon de sécurité, les attendait. Ils laissèrent les hommes embarquer. Le pilote, un Américain, descendit pour prendre les ordres. Il demanda quelle était sa destination. Peter lui remit un dossier.

– Voici le plan de vol.

– Nous allons à Bosaso, en Somalie ? Mais il n'y a pas d'aéroport là-bas.

– Si. Un petit, intervint Samuel. Une piste étroite et courte qui coupe la forêt. Nous n'avons pas demandé l'autorisation d'atterrir, elle ne nous aurait pas été accordée. Vous n'aurez pas droit à une reconnaissance aérienne. Vous ne devrez faire qu'un seul passage afin de ne pas attirer l'attention. Vous ne couperez pas les moteurs. Sitôt les hommes débarqués vous repartirez aussi sec pour revenir ici. Vous avez juste assez de carburant, aussi vous ne devez pas traîner. Il paraît que vous pouvez poser votre avion sur un mouchoir de poche. Nous allons voir si vous êtes à la hauteur de votre réputation.

– C'est dangereux, mais je vous poserai. La météo ?

– Bonne. Pas d'autres questions ?

– Que se passera-t-il si nous sommes attendus par les Somaliens ?

– Je préfère ne pas y penser.

– Merci. J'aime bien savoir où je mets les pieds et ce qui m'attend. Nous décollons quand vous voulez.

– Tout de suite.

– Ok, montez à bord.

Le commandant Stern les salua militairement. Il ajouta simplement *"Mazel Tov"*. À Peter il dit : *"Good luck"*.

– J'avais compris, dit-il, Thank you.

L'avion s'éleva dans un ciel sans nuage. Lorsqu'il eut atteint son altitude de croisière, il fut rejoint par deux mirages de l'armée de l'air israélienne qui l'escortèrent jusqu'à la fin de l'espace aérien du pays. Après avoir battu des ailes en signe de salutation, ils plongèrent pour laisser la place aux F.16 de la chasse américaine qui avaient pris le relais.

– Qu'est-ce que c'est ? questionna le pilote.

– L'escorte, répondit Samuel.

Ils survolèrent la Mer Rouge. La vue était splendide. À gauche s'étalaient les déserts de l'Arabie Saoudite, à droite après l'Egypte les immenses plages du Soudan. Sous l'avion, on voyait une flottille de bateaux de toutes sortes.

Au bout d'une heure, Samuel demanda l'attention des hommes. Il leur expliqua succinctement la mission à laquelle ils allaient participer.

– Vous ne devrez jamais parler à quiconque, même sur l'oreiller, dit-il en souriant, de l'action que nous aurons menée. Vous trouverez sous vos sièges des sacs dans lesquels vous déposerez tous vos objets personnels, afin qu'on ne puisse pas vous identifier en cas de coup dur. Ils vous seront rendus à votre retour au pays. Tout le matériel dont vous aurez besoin vous sera fourni à destination. Cette mission n'est pas sans danger. La moindre erreur commise par l'un d'entre vous peut être fatale au reste du groupe. Chacun d'entre nous doit veiller à la sécurité des autres. Vous ne devez laisser derrière vous ni blessé ni mort. Ramenez-les. Des questions ?

– Lieutenant Berg, se présenta un homme en levant le bras. Je peux ?

– Allez-y.

– Qui sont les deux hommes qui vous accompagnent ?

– Ils sont avec nous. C'est tout ce que je peux vous dire. D'autres questions ? Personne ? Ok, maintenant exécution. Ne gardez rien dans vos poches, pas même une pochette d'allumettes. Sous vos sièges vous trouverez également des vêtements noirs appropriés à la mission. Changez-vous dès à présent, nous n'allons pas tarder à arriver à notre première escale.

De fait, l'avion se trouvait maintenant au large de la côte du Yémen, dont on pouvait distinguer les récifs coralliens ainsi que les dômes cristallins et volcaniques recouvrant la plaine de la Thirâma, et des rivages de l'Éthiopie couverts d'une végétation méditerranéenne. Les deux chasseurs balancèrent leurs ailes et firent demi-tour. Deux autres F.16 venant du sud prirent leur place.

– Nous avons une autre escorte, dit le pilote à Samuel.

– Oui. Maintenant ce sont les avions de l'escadre américaine qui nous accompagnent. Dans combien de temps arrivons-nous ?

– Trente-huit minutes.

– Où en est votre carburant ?

– Sans problème.

– Prévenez-moi cinq minutes avant l'atterrissage.

– Ok.

Samuel rejoignit sa place. Il changea ses vêtements comme le reste de la troupe. Gilles et Peter en firent autant. Samuel était calme. Les yeux fermés, il cherchait la faille dans son plan. Il le faisait défiler en boucle dans sa tête. Tout y était. Tout, lui semblait-il, avait été prévu, sauf, bien entendu, le grain de sable qui pourrait gripper la machine. Il avait une très grande confiance dans le professionnalisme de ses hommes. Il espérait que la chance serait avec eux. Une tape sur l'épaule le fit se retourner. Le pilote le prévenait qu'il allait atterrir dans les cinq minutes.

Samuel s'adressa à sa troupe.

– Nous arrivons à notre première étape. Elle n'est pas réellement dangereuse. Les autorités somaliennes ne sont pas au courant de notre incursion sur leur territoire. Lorsqu'elles l'apprendront nous serons déjà loin. Il nous faudra donc faire vite afin d'éviter un incident diplomatique. Lieutenant Berg, lorsque nous aurons atterri, débarquez rapidement et dirigez-vous en ordre vers les trois hélicoptères qui nous attendent. Partagez dès à présent vos hommes en trois pelotons. L'embarquement se fera de la gauche vers la droite.

Puis il s'installa entre le pilote et le navigateur. On pouvait voir les côtes de la Somalie bordées par les hautes terres de l'Ogo. Pas d'arbres. Le co-pilote cherchait désespérément une forêt ou quelque chose qui y ressemble.

– Mais où est-elle cette putain de piste ? jura-t-il.

– Il n'y a pas de piste, dit Samuel. D'après les photos de la reconnaissance aérienne, il s'agit d'une route. Large. Elle sert aux gros transports en direction de la mer. Elle sert également de piste aux avions de tourisme. Toujours d'après les photos aériennes, vous avez juste la place pour passer entre les arbres. Au bout de cette route, il y a une rotonde qui vous permettra de faire demi-tour. Vous décollerez sans attendre pour rejoindre votre point de départ et faire immédiatement votre rapport. Si tout va bien vous pourrez boire un verre à notre santé dans un bar de Tel-Aviv avant la fin de l'après-midi.

– D'accord pour le verre mais à condition qu'on ne casse pas du bois. Mais où elle est cette route ? À propos, qui paye le verre ?

– Moi, dès que je serai de retour.

– Alors faites bien attention et revenez. J'aime qu'on tienne ses promesses. Bon Dieu, où est-elle cette putain de route ?

– Vous vous répétez. Là, à deux heures. En direction de la seule forêt qui existe. Des genévriers sans doute. Allez dans cette direction. Attaquez la descente.

– Quelle descente ? Je ne sais pas où je vais.

– Souvenez-vous, vous n'avez droit qu'à un seul passage. Commencez la descente.

– C'est un suicide, marmonna le pilote en appuyant sur le manche.

– Là ! s'écria le co-pilote. Droit devant. Des hélicoptères se posent.

– Ça y est, je la vois. Merde, on est trop haut. Accrochez-vous, je descends en piqué.

Tout se mit à trembler à l'intérieur de l'avion. Les hommes se retenaient aux sièges. Malgré l'insonorisation de l'habitacle on entendait le vent siffler avec rage. Les ailes bougeaient de haut en bas comme si elles allaient se détacher du fuselage. Le sol montait à une vitesse vertigineuse. Les arbres, pas très hauts, se rapprochaient dangereusement. On entendit le train d'atterrissage se mettre en place.

– Attention ! Tenez-vous ! gueula le pilote en ramenant le manche sur sa poitrine.

L'avion se cabra, donna un moment l'impression de s'arrêter en vol, puis repartit de plus belle. À quelques mètres du sol, à vingt mètres du début de la piste, le pilote coupa les gaz, sortit les aérofreins et poussa le manche au maximum. L'avion piqua du nez. À la dernière seconde le pilote redressa l'appareil. Ce dernier toucha le sol brutalement, rebondit de deux mètres et se reposa en écrasant ses amortisseurs. Le pilote freina brutalement, laissant cinq centimètres de gomme sur cette route pleine de creux. À l'intérieur de la carlingue, on se serait cru dans un scenicrailway dévalant et remontant les pentes. Les ailes tutoyaient les premières branches des arbres. Le manche bougeait dans tous les sens. Le pilote avait du mal à le contrôler. Samuel se précipita et l'aida à le maintenir. L'avion s'arrêta.

– Bravo, dit Samuel. Maintenant vous pouvez vous présenter à tous les meetings aéronautiques. Vous les gagnerez tous.

– Je vous aime bien, mais plus jamais vous ne me referez faire ce truc. Je suis pilote, pas cascadeur. Tirez-vous, je vous ai assez vu, dit-il en souriant.

– Dites-moi. Une question avant de partir. Je n'ai jamais vu couper les gaz, sortir les aérofreins et faire piquer du nez à l'avion en même temps, vous avez fait ça souvent ?

– Non. C'était la première fois.

Le premier hélicoptère s'envolait avec sa première cargaison d'hommes tandis que le deuxième s'apprêtait à le faire. Samuel serra fortement la main du pilote et du co-pilote.

– Merci messieurs. Bon voyage de retour.

– Pas de quoi. La prochaine fois oubliez mon nom. Bonne chance l'ami. Rendez-vous à Tel-Aviv pour boire la tournée promise.

– Je serai là. Merci.

Samuel s'engouffra dans le troisième hélicoptère qui n'attendait que lui pour décoller. Il se pencha pour voir l'avion faire demi-tour, prendre de la vitesse et s'envoler.

– Sacré pilote, dit-il.

La première partie de l'opération "David" était achevée.

Une heure plus tard, les trois hélicoptères atterrissaient sur le pont d'un porte-avions américain croisant dans la mer d'Oman à la jonction du quinzième degré de latitude nord et du soixantième degré de longitude est. Ce fut le pacha lui-même, accompagné de trois officiers de son état-major, qui les accueillit. Il envoya les hommes se restaurer dans le carré habituellement réservé au personnel de l'état-major où, la mission étant estampillée top secret, personne ne pourrait avoir de contact avec eux, hormis un officier détaché spécialement à leur intention. Le déjeuner fut le bienvenu. Il était près de seize heures, ils n'avaient rien mangé depuis le matin. Samuel, Gilles et Peter furent invités à la table du commandant.

– Mangez, Messieurs. Nous étudierons la situation après.

– Excusez-moi, dit Samuel, mais nous pourrions discuter tout en prenant notre repas. Si vous n'y voyez pas d'inconvénient, je voudrais attaquer cette nuit. Les hommes sont chauds. Deux heures de repos leur suffiront. Ils sont gonflés à bloc et veulent en découdre. De plus, et bien que le secret le plus absolu, j'en suis certain, ait été conservé, je redoute toujours une fuite possible. Je préfère l'effet de surprise plutôt que d'être attendu.

– C'est d'accord, répondit le pacha. Donnez-moi vos documents.

Peter lui tendit une enveloppe. Le pacha en retira quelques feuillets qu'il compulsa attentivement. À plusieurs reprises il hocha la tête d'un air entendu, à plusieurs reprises encore il fixa le visage de Samuel.

– Tout cela me semble parfait. J'ai reçu les mêmes documents par code.

Il les passa à ses officiers, puis il sortit de sa vareuse une liasse de feuilles identiques.

– À la virgule près, c'est exactement la même chose. Les ordres viennent de haut. De très haut. Nous allons nous y conformer. Dès que vous aurez terminé, nous irons dans la salle des cartes.

– Nous avons terminé, dit Samuel en se levant.

– Impétueux, dit le pacha. J'aime ça. Suivez-moi messieurs.

Ils traversèrent plusieurs salles où des hommes travaillaient face à des ordinateurs. C'était une véritable ruche. Les plantons apportaient sans cesse des messages qu'un officier triait. Seuls quelques-uns arrivaient jusqu'à l'amiral. Il en signait la réception, lisait, faisait un ou deux commentaires et les renvoyait. Maintenant ils étaient arrivés dans une salle parfaitement insonorisée. Le pacha fit venir son aide de camp, lui intima l'ordre de n'être dérangé sous aucun prétexte sauf en cas d'extrême urgence ou si le président des États-Unis lui-même voulait lui parler. Ils s'installèrent autour d'une table ovale.

– Ici nous sommes au calme et tout peut être dit. Cette salle est sécurisée, il n'y a pas de micros. À moins qu'ils n'aient été installés à mon insu, ajouta-t-il en souriant. Mais vous savez qu'à bord je sais tout et que seul Dieu peut en savoir plus que moi. S'adressant à Samuel.

– Quand voulez-vous démarrer l'opération ?

– J'attends de recevoir un message de l'ambassade d'Israël à Paris.

– À qui sera-t-il adressé ?

– À vous, avec le nom de code "David".

– Quelle information ce message est-il censé vous donner ?

– L'heure de la rotation du personnel de bord des cargos.

– Je vais donner des instructions afin que ce message nous parvienne dès réception. En attendant je suppose que nous pouvons continuer à préparer la mission.

– Oui. Si vous le permettez, je vais vous dire quelles sont mes intentions, en espérant recevoir votre accord.

Samuel fut très explicite. Il n'omit aucun détail.

– En somme, lui répondit le pacha lorsque S.Y. eut fini, vous nous faites revenir au bon vieux temps de la piraterie. Soyons sérieux. Vous n'êtes pas sans savoir que vos chances de réussite sont minces.

– Oui monsieur. Nos seuls véritables atouts sont la valeur de nos hommes et l'espoir que les Irakiens ne peuvent imaginer que nous oserons les attaquer, plus bien entendu l'effet de surprise. Cela doit être suffisant.

– Que faites-vous de l'équipage français ?

– Nous ignorons s'il est à bord ou s'il a été débarqué. J'aurai peut-être une réponse à ce sujet dans le message que j'attends. Si l'équipage est à bord, nous le délivrerons. Dans le cas contraire, ce sera au gouvernement français d'agir par la voie diplomatique. Êtes-vous prêt à nous fournir le matériel ?

– Oui.

Peter lui présenta des documents que l'amiral parcourut méthodiquement en contrôlant avec sa propre liste. Satisfait, il apposa sa signature.

– Bonne chance, dit-il à Samuel en lui remettant le dossier.

– Merci monsieur. Nous en aurons besoin.

La sonnerie du téléphone les interrompit. L'officier de liaison s'en saisit, écouta, et tendit le combiné au pacha sans prononcer un seul mot. Celui-ci écouta à son tour.

– Apportez-le moi.

Il raccrocha. L'instant d'après la porte s'ouvrit laissant le passage à un planton qui lui remit une enveloppe sur laquelle était inscrit en gros caractères rouges "Opération David".

– C'est pour vous, dit l'amiral en la tendant à Samuel.

Celui-ci l'ouvrit.

– La rotation se fera à vingt-trois heures. Les Français sont regroupés à bord de l'un des bateaux, enfermés dans un dortoir. On ne sait pas s'il s'agit du Liberté ou de la Mouette. Combien de temps nous faut-il pour arriver à pied d'œuvre ?

Le pacha interrogea du regard son second qui sortit un carnet de sa poche.

– Soixante-quinze minutes jusqu'au point A. Ensuite, pour vos plongeurs, une bonne vingtaine de minutes pour atteindre le point B, votre cible.

– Ce qui fait environ deux petites heures, intervint Samuel. Nous partirons à vingt et une heures. Il nous reste deux heures devant nous. Nous allons en profiter pour contrôler et vérifier le matériel. Où se trouve-t-il ?

– À l'avant sur tribord, répondit le second. Tout est sur le pont inférieur, prêt à être largué en mer.

– Si vous êtes d'accord, nous y allons.

– D'accord, répondit l'amiral. Je vous accompagne.

– Pouvez-vous faire prévenir nos hommes qu'ils viennent avec nous ? Je voudrais qu'ils se familiarisent avec le matériel.

Sur un signe d'assentiment le second donna par interphone l'ordre à l'officier de conduire les commandos.

– Ouvrez le chemin, dit le pacha à son adjoint.

Ils prirent l'ascenseur, qui les amena jusqu'au pont inférieur. Puis ils empruntèrent des coursives qui se croisaient avec d'autres. Un véritable dédale de couloirs. Partout des hommes affairés. Les portes s'ouvraient, se refermaient. C'était une ruche en pleine activité. Une ville en action. Malgré cette agitation, tout semblait parfaitement coordonné. Ils débouchèrent sur le pont, rejoints presque aussitôt par le commando israélien. Le soleil était déjà bas. La chaleur était tombée pour laisser place à une agréable douceur. Le porte-avions mouillait dans une mer calme. De chaque côté, à quelques encablures, se tenait une flottille de soutien. Bien qu'il fît encore clair, des lumières scintillaient et tournoyaient sur le haut des mâts d'antennes ainsi que l'auraient fait des phares. L'immensité de la mer était prenante, le décor à couper le souffle. Bien qu'il en eût conscience, Samuel ne s'attarda pas à le contempler.

Il y avait six embarcations légères, dont les deux moteurs étaient relevés, prêtes à être mises à l'eau. Un officier instructeur leur en expliqua le fonctionnement. Les hommes s'approchèrent, chacun d'eux devait être capable de les piloter.

– Je suppose que tout le monde parle anglais. Si vous ne comprenez pas ce que je dis, faites-vous traduire. Nous avons le temps et il est important que vous assimiliez tous les détails concernant l'armement que vous allez détenir. Ok? – Personne ne s'étant manifesté, il poursuivit –. Les moteurs sont amphibies et descendent à un mètre sous l'eau pour étouffer le bruit. Les hélices descendent plus bas pour éviter au maximum qu'on voit le sillage. Néanmoins vous devez faire très attention. Vous savez que le moindre bruit se répercute très loin sur la mer. Surtout lorsqu'elle est aussi calme. Ce soir elle sera d'huile et le restera toute la nuit. La météo est bonne. Je dois cependant vous avertir qu'elle sera claire. Méfiez-vous des reflets de lune sur les objets métalliques. Il regarda les armes, qu'il venait de distribuer aux hommes. Les nouveaux fusils d'assaut Tavor, d'un noir mat. De calibre 5,56 mm, ils étaient capables de tirer 750 à 900 balles à la minute. Inégalés pour le combat de rue en raison de leur légèreté et de leur précision. Ils étaient équipés d'une lunette de visée diurne et nocturne. On l'appelle également le Corner Shot à cause d'une caméra, ajustée sur l'arme, qui permettait de tirer dans les coins et de faire mouche sans s'exposer. Vous permettez ?

L'officier prit l'arme que lui tendait le lieutenant Berg.

– Superbe. Une merveille. Votre ancien fusil, l'Uzi, était déjà excellent, mais celui-là le dépasse largement. Je me suis laissé dire qu'il a été mis au point avec le concours de nos ingénieurs. Je suppose donc que nous en serons également équipés. Bon, revenons à nos moutons, poursuivit-il en rendant l'arme à Berg. Le plein d'essence est fait. Vous avez une autonomie de six heures plus un jerrican pour quatre heures supplémentaires. Au plancher, sur les côtés, six rames individuelles. Dans le coffre, à l'avant, la boîte à outils ainsi que les fusées de détresse et bien entendu l'indispensable boîte à pharmacie.

Il continua quelques instants, détaillant sans se

presser tout le matériel qui se trouvait à bord et son fonctionnement.

– Maintenant, si vous le voulez bien, nous allons voir ce qu'il y a sous ces bâches. Voulez-vous m'aider à les ôter ?

Les bâches, soulevées, laissaient apparaître des caisses en bois, dont les couvercles sautèrent sans difficultés. Elles renfermaient des explosifs, des grenades et du matériel de plongée. Radios, bouteilles d'oxygène, palmes, lunettes, toute la panoplie nécessaire pour une excursion sous-marine. Les hommes vérifièrent le matériel et le chargèrent dans les embarcations. Samuel regarda sa montre. Il était près de vingt heures.

– Nous avons une heure devant nous. Lieutenant Berg, désignez six hommes par bateau. Je monterais dans le premier, vous dans le second, Gilles dans le troisième.

– Ok.

– Et moi ? s'exclama Peter. Qu'est-ce que je fais ? Je dois rester à lire mon journal tandis que vous partez en croisière ? Je vais avec vous.

– C'est dangereux.

– Ça ne m'inquiète pas, et de plus, je peux vous assurer que je suis un plongeur confirmé.

– Vous n'êtes pas obligé.

– Qui parle d'obligation ? Moi aussi je veux faire la balade en mer. N'oubliez pas que je dois aller partout où vous allez.

Samuel fixa Peter un instant.

– C'est d'accord Peter. Vous monterez dans le quatrième bateau. Bienvenue à bord. J'espère que vous ne le regretterez pas.

– Pas de danger. Merci Samuel.

À vingt et une heures précises les embarcations étaient mises à l'eau. Les hommes embarquèrent avec le matériel. Trois minutes plus tard, ils commencèrent à s'écarter du porte-avions. L'amiral, ses officiers et quelques marins les saluèrent militairement.

En passant devant la proue du navire Samuel se retourna. Près du bastingage se tenait un nain difforme. D'une main il tenait un balai qu'il trempait dans un seau, de l'autre il lui faisait un signe. S.Y. le salua le sourire aux lèvres. Cette apparition le rassura. Il était confiant. Le gnome veillait sur lui.

La deuxième phase de l'opération David, la plus dangereuse, venait de commencer.

Chapitre XIII

Les embarcations ronronnaient depuis soixante minutes et n'étaient plus qu'à quinze minutes du point A. Malgré la nuit, le ciel était clair. Trop, pensait Samuel. Il regarda le sillage des bateaux, à peine visible. La voûte céleste était comme une toile sur laquelle étaient brodés des millions de lumières scintillantes. Pas un nuage. Une nuit rêvée pour une croisière touristique. La mer était étale. Le silence angoissant de la nuit n'était dérangé que par un léger clapotis et le bruit étouffé des moteurs immergés. Muni de jumelles à infrarouge, Samuel scrutait l'horizon. Rien en vue. Ils étaient, pour le moment, seuls en mer. À l'aide de sa boussole il contrôla pour la énième fois la direction. Pas de doute possible, ils étaient sur la bonne voie. Les bateaux se suivaient en file indienne, à une portée de fusil les uns des autres. Samuel pouvait voir le lieutenant Berg, lui aussi jumelles scotchées à ses yeux. Soudain, celui-ci pointa son bras à deux heures. Samuel se retourna vivement, de faibles lumières ponctuaient l'horizon. Il fit immédiatement ralentir l'allure, puis stopper les moteurs. Maintenant les embarcations, privées de vitesse, épousaient les légers mouvements de la mer. Samuel donna l'ordre de ramer. Au bout de quelques minutes ils purent enfin distinguer les deux cargos. Des lumières filtraient à travers les vitres de la dunette, d'autres couraient le long des structures extérieures. Le croissant de lune éclairant devant eux, Samuel et ses compagnons se trouvaient dans la partie la plus sombre de l'étendue d'eau. D'où ils étaient, ils ne pouvaient être vus. Sur son ordre, les hommes cessèrent de ramer. Samuel semblait attendre quelque chose. Il se retournait sans cesse, scrutant maintenant ses arrières. Enfin il le vit arriver. Un cargo, tous feux éteints, naviguait en direction des deux navires français. Il avait pris très au large, à au moins deux milles nautiques à tribord. Sur cette mer d'huile, par un temps calme et clair, il était impressionnant. Grand, large, sombre, puissant, majestueux. Samuel sourit lorsqu'il fut à sa hauteur. Sans ralentir, le cargo les dépassa. On pouvait distinguer le bruit régulier de ses machines. Soudain il alluma toutes ses lumières comme s'il voulait se faire remarquer en même temps qu'il coupa ses moteurs pour se laisser glisser jusqu'à quelques encablures des deux cargos. Puis on entendit le bruit des chaînes qui plongeaient l'ancre dans les eaux. Le navire venait de s'arrêter sur le tribord des deux cargos, entre eux et la côte. Samuel actionna quelques boutons de sa radio.

– Ici David 1. Me recevez-vous ?

– Cinq sur cinq. Bonjour David 1. À vous.

– Bonjour. Vous êtes à l'heure.

– Je vous l'avais promis. Quelles consignes ?

– Vous faites le maximum de bruit pour attirer leur attention. Vous pouvez même faire un strip-tease du moment que vous les occupez et qu'ils ne regardent pas en arrière.

– Ne vous inquiétez pas, nous leur avons préparé une surprise. Elle sera pour vous également.

– Il est exactement vingt-deux heures cinquante-deux. Démarrez vos attractions à vingt-trois heures trente.

– Ok David. *Mazel tov*.

Samuel donna aux hommes l'ordre de reprendre les rames et de souquer énergiquement. Maintenant les pirates allaient être attirés par le nouveau venu qui détournerait leur attention du côté opposé. Samuel comptait sur leur curiosité pour aborder et monter à bord sans être repéré. On distinguait nettement le château arrière. Samuel aurait préféré que ce soit la proue qui se présente la première. Il fallait donc longer la coque pour atteindre le point d'abordage. À gauche était le Liberté, à droite la Mouette. Face à eux le cargo, dont l'arrivée n'était pas providentielle mais prévue dans le plan concocté par Samuel. Deux plongeurs, les bras chargés d'explosifs, se laissèrent glisser dans la mer. Il en fut de même à bord des autres embarcations. Quelques minutes plus tard ils remontèrent à bord des canots. L'un deux pointa le pouce en l'air. Les bombes étaient en place, prêtes à exploser si nécessaire. Le point B, ultime étape de leur périple venait d'être atteint. Il était vingt-trois heures douze.

L'embarcation de Samuel accosta le Liberté par l'avant, tandis que celle du lieutenant Berg, suivie de celle où se trouvait Gilles et d'une troisième se dirigeait vers l'avant de la Mouette auquel ils s'agrippèrent comme des sangsues. Samuel fut rejoint par Peter et le dernier canot. Il regarda sa montre, vingt-trois heures vingt-cinq. Encore cinq petites minutes avant d'investir le navire. Mentalement, pour calmer son impatience, il égrena les secondes. Soudain une pétarade déchira le silence tandis que des éclairs fulgurants illuminaient le cargo de soutien. Pour une surprise, ce fut une surprise. Le commandant n'avait rien trouvé de mieux que de faire partir un feu d'artifice depuis le pont de son navire, cela fut efficace, les marins s'étaient agglutinés sur le pont, face à ce festival de lumières et ils applaudissaient à chaque explosion.

Samuel et ses hommes jetèrent des filins qui s'agrippèrent aux rambardes. Il jeta un coup d'œil sur sa gauche. Berg et ses hommes grimpaient à la vitesse des araignées se jetant sur une proie. Quelques secondes plus tard, tout le commando était à bord. Suivi de Peter et de quelques hommes, Samuel descendit vers les ponts inférieurs. Personne, mais des rangées de caisses bien alignées y étaient entreposées. Ils surprirent les deux mécaniciens, qui n'avaient rien entendu de la pétarade du feu d'artifice. Ces derniers furent rapidement ligotés. Un homme resta avec la consigne de ne laisser personne pénétrer dans la salle des machines. Samuel chercha les marins français, sans succès. Ils traversèrent le navire dans toute sa longueur et se ruèrent dans l'escalier menant à la timonerie. L'effet de surprise fut total. Les deux hommes de quart étaient collés aux fenêtres pour voir le spectacle et furent rapidement maîtrisés. Il ne leur restait plus qu'à mettre hors de combat les hommes restant sur le pont pour se rendre maître du cargo. Au moment où ils sortaient sur le pont ils furent accueillis par des rafales de mitraillettes. Le bruit des balles n'avait rien de commun avec celui des gerbes qui continuaient à illuminer le ciel. Les pirates, tous armés, n'avaient pas longtemps été dupes de la diversion. Le deuxième groupe du commando se trouvait coincé entre le bastingage et les canots de sauvetage. Ça tiraillait dans tous les sens. Samuel était bloqué avec ses hommes dans le poste de commandement. Les pirates avaient l'avantage de connaître les lieux. Déjà ils entamaient un encerclement progressif du deuxième groupe, qui risquait de se faire balayer. Ils n'étaient que six. Les pirates, une vingtaine. Peter fit signe à Samuel qu'il redescendait, lui faisant comprendre qu'il allait essayer de ressortir par l'arrière afin de créer une diversion. Suivi par un des hommes du commando, Peter s'engouffra dans l'escalier. Il se retrouva sur le toit du poste de commandement et de là il balança des grenades, tandis que le commando subissait le feu des pirates. Ceux-ci réagirent immédiatement et dirigèrent leur tir sur eux, allégeant ainsi la pression sur le deuxième groupe qui mit à profit cette diversion pour se retrancher dans un endroit plus sûr. À l'intérieur de la timonerie ils n'étaient plus que quatre, Samuel y compris. Avec la crosse de leurs armes ils brisèrent les vitres et arrosèrent les ennemis de leurs puissants Tavor. Les pirates étaient courageux et, malgré le feu nourri des assaillants, ils s'étaient divisés en deux groupes dont l'un avançait vers celui de Samuel. Deux hommes gisaient à terre. Un bruit figea Samuel. Peter venait d'être atteint et chuta du toit jusqu'au pont. Inanimé, il ne bougeait pas. De l'autre côté, la situation s'était améliorée. C'était à présent le deuxième commando qui avançait avec prudence et les pirates qui reculaient. D'autres hommes furent atteints. Samuel espérait qu'ils se rendraient avant d'être tous tués. Tout comme lui, ces combattants luttaient pour une cause qu'ils estimaient juste et se battraient probablement jusqu'au dernier. Samuel comptait sur le manque de munitions. Sûrs d'eux, ils étaient allés voir le feu d'artifice en n'emportant que le seul chargeur qu'ils avaient sur eux. L'effet de surprise avait fonctionné. Déjà certains avaient jeté leurs armes devenues inutiles et sorti leurs couteaux. Bien qu'ils fussent ses ennemis, Samuel ne pouvait qu'admirer leur courage. Les pirates, n'avaient plus rien à leur opposer que leurs coutelas. Ils se resserrèrent, formant un carré, décidés à vendre chèrement leur peau. Un homme du commando avança de plusieurs pas et parlementa en arabe. Il leur fit comprendre qu'ils allaient mourir pour rien, que s'ils se rendaient ils auraient la vie sauve et qu'une fois l'opération terminée, ils recouvreraient leur liberté. Il faut croire qu'il fut convaincant car ils jetèrent leurs armes à terre et levèrent les bras en signe de reddition. Ils avaient cinq morts et quatre blessés. Ils avaient payé cher leur détermination et leur courage.

Samuel se précipita vers Peter. Ce dernier était salement touché. Un commando le prit en charge et tenta de le soigner.

– On a fini par les avoir, murmura le blessé.

– Ne parle pas Peter. N'use pas tes forces.

– Ne t'inquiète pas, je suis costaud, dit-il en grimaçant un sourire. J'ai seulement un peu mal. On les a eus.

– Oui, cow-boy, on les a eu. Comment te sens-tu ?

– Fatigué.

Ses yeux s'embrouillèrent. Sa tête retomba sur le côté. Samuel, du regard, questionna le commando qui le soignait. Celui-ci secoua la tête négativement tout en fermant les yeux de Peter.

Samuel compta ses troupes. Il avait deux morts et trois blessés. La bataille avait été rude. Il manquait un homme, celui qui avait accompagné Peter sur le toit. On alla voir, il gisait sur le toit, sans vie.

– Nous avons trois morts, dit Samuel. Bon Dieu, quelle saloperie que cette guerre qui ne veut pas dire son nom !

Du côté de la Mouette on n'entendait pas de bruit. Samuel demanda par radio au lieutenant Berg où ils en étaient.

– Nous sommes maîtres du navire, lui répondit-il d'une voix faible. J'attends vos ordres.

– Vous avez de la casse ?

– Un mort, six blessés dont deux graves.

– Et vous ?

– Une balle m'a traversé la cuisse.

– Ça va aller ?

– Oui.

– Bon. Prenez deux embarcations pour les blessés et passez prendre les nôtres. Puis filez directement jusqu'au porte-avions. Je les préviens afin qu'ils vous envoient des hélicoptères. Vous irez avec eux.

– Mais je peux être encore utile ici.

– Vous serez plus utile avec vos hommes. Embarquez également vos morts et les miens.

– Vous en avez ?

– Oui. Trois.

– Des blessés ?

– Trois également. Emmenez aussi les blessés des pirates qui nécessitent une assistance médicale urgente.

Quant aux blessés légers, faites-leur prodiguer des soins en attendant qu'ils soient récupérés par leurs comparses.

– Qu'allez-vous en faire ?

– Les libérer, les mettre sur un bateau et les renvoyer d'où ils viennent. Nous ne faisons pas de prisonniers. Traitez-les correctement.

– Ils ne l'auraient pas fait si ça avait été le contraire.

– Je sais.

Samuel marqua un temps d'arrêt.

– Passez-moi Le Brennec.

– Et leurs morts. Qu'est-ce que j'en fais ?

– Il n'y a plus rien à faire pour eux. Recouvrez-les décemment.

– Ok. Je vous passe Le Brennec.

Il attendit quelques secondes.

– Samuel ? C'est moi, Gilles. Comment vas-tu ?

– Ça ira. Berg vient de me faire son rapport. Beaucoup de morts et de blessés.

– Oui. On a gagné, mais on l'a payé cher. Tu as des nouvelles des équipages français et du personnel humanitaire ?

– Non. Nous n'avons pas encore eu le temps de fouiller tout le bateau. C'est en route. S'ils sont chez moi je t'en informe tout de suite. Et vous ?

– Nous avons fouillé dans tous les coins. Sans succès. Ils ne peuvent être que sur le Liberté.

– Ou alors débarqués à terre.

– Ne parle pas de malheur. Ce serait l'emmerde.

– Berg va convoyer les blessés jusqu'au porte-avions. C'est toi qui prends le commandement pour la suite.

– C'est quoi la suite ?

– On charge les armes sur le cargo de secours.

– Comment ?

– Il va s'approcher et poser un système de filins entre lui et ton rafiot. Il va t'envoyer du monde pour t'aider à tout charger sur les plates-formes. Attends…

Samuel ajusta ses jumelles en direction du cargo.

– Ça y est. Il a commencé sa manœuvre. Il vient sur toi. Faites vite. Nous n'avons que deux heures pour nous tirer d'ici.

– Et toi ?

– Dès que votre transbordement sera terminé, ce sera notre tour.

– Dis-moi Samuel, ce bateau tu ne m'en avais pas parlé. Une fois chargé, quelle sera sa destination ?

– Top secret.

– Tu m'as trompé.

– Non, nous n'en avions jamais parlé. Tu ne t'imaginais quand même pas que nous allions rendre les armes à ceux qui les ont vendus.

– Ce n'est pas régulier. C'est de la piraterie. Mon gouvernement ne sera pas d'accord.

– Non, c'est un butin selon les lois de la guerre. Tu t'en doutais bien.

– Je le subodorais, mais je ne te croyais pas aussi gonflé.

– Ne t'inquiète pas. Ça faisait partie des accords pris avec l'ambassade et les représentants de ton pays. Nous allons au casse-pipe et nous récupérons, si possible, l'objet du litige.

– En somme, vous vous faites payer.

– Nous avons des morts pour avoir fait ce que ton

pays ne voulait pas faire. De plus, ces armes ne seront pas dirigées contre nous. C'est aussi de l'autodéfense.

Le Brennec ne répondit pas immédiatement.

– Tu es toujours là ? demanda Samuel.

– Oui, je suis là. Ok. N'oublie pas de m'avertir dès que tu auras trouvé l'équipage. Ce sont des Français pour la plupart, et là je serai intransigeant.

– Normal. Ils seront à toi, sous ton contrôle et ta responsabilité. Tu n'espères pas récupérer leur chargement initial ?

– Non, bien sûr. Il doit y avoir belle lurette qu'il n'existe plus.

– Que vas-tu faire ?

– Je reste avec les équipages jusqu'au retour des deux cargos en France. Ce sont mes consignes. Et toi ?

– Dès que les transbordements seront terminés, je file.

– Alors on ne se verra plus ?

– Si. En Israël. Je t'invite.

– Ou en France. Je t'invite également. Kenavo mon frère.

– Chalom mon frère.

Une demi-heure plus tard, le lieutenant Berg demanda la permission de monter à bord du Liberté. Il venait chercher les morts et les blessés. Samuel l'attendait sur le pont. Il eut un pincement au cœur lorsqu'il le vit s'approcher, soutenu par deux hommes. Berg marchait avec difficulté. Son treillis, déchiré et remonté jusqu'au haut de la cuisse était taché de sang. Arrivé devant Samuel, il se raidit dans un impeccable garde-à-vous.

– Je viens chercher les hommes.

– Ils sont à vous lieutenant.

– Merci.

– Vous avez fait du bon travail.

– Merci

– Tout est prévu. On vous attend à bord du porte-avions. Je vous rejoindrai dans quelques heures et de là nous partirons pour Israël. Je vous promets, pour vous et vos hommes, une soirée mémorable. La réputation de votre corps d'élite n'est pas surfaite. Je suis très fier d'avoir exécuté cette mission en votre compagnie.

– Merci. Pour la soirée, c'est d'accord.

Un commando s'approcha d'eux.

– Tous les hommes sont embarqués, les nôtres et les ennemis dans un état grave.

– Allez-y, dit Samuel. A tout à l'heure.

Le lieutenant Berg salua S.Y. Ce dernier le suivit des yeux jusqu'à ce que les embarcations disparaissent derrière la coque du navire. "Tant qu'il y aura des hommes de cette trempe, pensa-t-il, Israël sera bien gardé". Un homme vint le prévenir qu'on avait trouvé les équipages dans une soute à fond de cale. Samuel s'y rendit immédiatement. Ils étaient enfermés dans un local insalubre, sans air. Le sous-officier, selon les ordres, n'avait pas encore ouvert la porte ni adressé la parole aux prisonniers. Ces derniers étaient étrangement calmes. Enfermés depuis plusieurs jours, ils attendaient. Samuel fit sauter la serrure. Les hommes étaient assis le long des cloisons. Ils semblaient épuisés. L'odeur était insupportable. Seule une lumière blafarde les éclairait. Ils n'eurent aucune réaction en voyant Samuel suivi du sous-officier pénétrer dans ce qu'on pourrait appeler la "cage". Toujours sans un mot, ils furent conduits dans le carré des officiers. Certains, affaiblis par quelques jours d'un régime inhumain, durent être portés. Samuel leur fit servir de quoi se restaurer. Les prisonniers posaient des questions qui restaient sans réponse. La consigne était de ne rien dire qui puisse trahir l'origine de leur secours. Seul à parler un français sans accent, Samuel leur précisa qu'ils étaient libres et qu'un haut responsable français allait les prendre en charge incessamment. Puis il sortit et appela Gilles le Brennec.

– Gilles, nous avons trouvé les équipages. Les hommes sont tous là, il n'en manque aucun.

– Dans quel état sont-ils ?

– Pas brillants, mais vivants. Certains sont dans un état de fatigue physique extrême. En revanche, psychologiquement ils sont surprenants de lucidité. Nous avons soigné les malades. Actuellement ils se reposent et prennent un peu de nourritures.

– Ici nous avons presque terminé le transbordement. Ça va être le tour du Liberté. Tu permets que je vienne les voir ?

– Bien entendu. Ils sont à toi. À une condition.

– Laquelle ?

– Aucun mot sur nous. Ils ne doivent rien savoir. Laisse-les croire que ce sont les Français qui les ont délivrés. Il ne doit pas être fait mention d'Israël ni de la logistique américaine.

– Ce sont également les ordres que j'ai reçus. Je viens.

Lorsque Gilles monta sur le Liberté, Samuel éclata de rire.

– Qu'est-ce qui te fait rire ?

– Toi.

– Pourquoi ?

– Avec ta gueule recouverte de suie et tes cheveux blonds, tu ressembles à un ramoneur gaulois.

– Et toi, tu veux que je te dise à quoi tu ressembles ?

– Non, ça pourrait me vexer, dit Samuel en continuant de rire. Viens je t'accompagne.

Les hommes maintenant se reposaient. Le Brennec leur expliqua la situation.

– Vous êtes maintenant sous bonne garde. Dès que nous le pourrons, d'ici deux ou trois heures nous repartirons pour la France. Qui sont les commandants des cargos ?

Ceux-ci se manifestèrent. Gilles les prit à part.

– Pensez-vous vos hommes en état de naviguer et de servir ?

– Quelques heures de repos, une bonne douche et des vêtements propres devraient suffire. Qui êtes-vous ?

– Commandant Gilles Le Brennec des services spéciaux français, en service commandé.

– Et les autres ?

– Des amis. Ne m'en demandez pas davantage. Qui est le responsable de l'humanitaire ?

Un des deux commandants désigna un homme affalé sur une table, qui semblait épuisé. Gilles s'approcha de lui.

– Vous pouvez parler ?

– Je peux essayer. Qui êtes-vous ?

Gilles se présenta. Il lui annonça qu'ils allaient repartir sous peu en direction de la France.

– Et la cargaison ?

– Vous pouvez faire une croix dessus. Estimez-vous heureux d'être encore en vie. Un ou deux jours de plus et je n'aurais pas donné cher de votre peau. Vraisemblablement vos navires auraient été coulés. Étant donné les circonstances, je ne crois pas que vous auriez même eu droit à un entrefilet dans les journaux. Vous auriez disparu de la carte sans explications, comme si vous n'aviez jamais existé.

– Pourquoi ?

– Je vous expliquerai pendant la traversée de retour. En attendant reposez-vous. Je prends tout en main.

Épilogue

Dimanche 9 mars 2003. Trois heures du matin en mer d'Oman.

Ce jour-là, le président Bush autorisera Israël à frapper l'Irak s'il est attaqué, tandis que Saddam Hussein promet que ses blindés cracheront tout le feu d'Allah jusqu'au dernier obus.

La diplomatie française, fer de lance des nations opposées à cette guerre qui se précise de plus en plus, mène des actions tous azimuts pour rallier les pays encore indécis à son camp. C'est ainsi que ce dimanche le ministre des Affaires étrangères se rendra en Angola afin de convaincre son gouvernement de se manifester en refusant ce conflit et de ne pas donner son aval à l'ONU.

Soixante-neuf pour cent des Français sont satisfaits de la position de leur gouvernement, et ce malgré l'annonce de la mise en place du plan biotox pour prévenir une menace bio terroriste.

Parlant de ce conflit, certains le considéreront comme une guerre des civilisations.

La mer était étale. La nuit translucide. L'air doux. Le ronronnement des moteurs des embarcations qui ramenaient Samuel et ses hommes vers le porte-avions était régulier.

Les hommes du commando, fatigués, ne se parlaient

pas. Ils pensaient à leurs morts, aux blessés, à cette bataille pour quelques armes. Dans l'immensité de cette mer redevenue amicale ils relativisaient l'objet de cette mission si coûteuse en vies humaines.

Depuis le début de cette opération commencée à Paris un quatre mars, seulement cinq jours s'étaient écoulés. Un siècle, pensait Samuel. Il y avait eu beaucoup de victimes. Morts au champ d'honneur. Décorés à titre posthume. Blessés graves avec des séquelles à jamais gravées dans leur corps pour le restant de leur vie. Blessés légers, qui, s'ils avaient eu de la chance, garderaient dans leur esprit le souvenir de leurs amis disparus. Les familles recevraient la visite d'un officier venu leur annoncer la mort héroïque d'un fils, d'un père, d'un mari.

Au loin, Samuel pouvait encore apercevoir les silhouettes de la Mouette et du Liberté, délestés des explosifs qui, et c'était tant mieux, n'avaient pas servi, se découper sur la nuit claire, tandis que le cargo avec sa cargaison d'armes, faisait route vers la haute mer. Il rejoindrait lui aussi le porte-avions pour recevoir ses instructions de route. Deux vedettes, détachées de l'escadre américaine, encadraient les embarcations du commando israélien en protection. Samuel regardait les deux cargos français rapetisser à mesure qu'il s'en éloignait quand soudain, juste à côté d'eux une explosion, à peine audible, déchira le ciel. Il attrapa sa radio.

– Gilles ! Que se passe-t-il ?
– Rien de spécial.
– Mais cette explosion ?

– Les pirates revenaient pour leur rotation. Quand ils se sont rendus compte que nous étions de nouveau maîtres de nos navires ils ont été agressifs. Nous avons dû les couler. Il n'y a pas de survivants.

– Êtes-vous prêts à lever l'ancre ?

– Pas avant deux heures au moins.

– Le temps que vous ayez à nouveau de la visite.

– C'est un risque que je dois prendre.

– J'ai deux vedettes qui m'escortent. J'en détache une pour t'accompagner un bout de chemin.

– Ce n'est pas de refus.

Une heure plus tard, Samuel était à bord du porte-avions. Il était épuisé mais refusa de prendre du repos avant d'être allé réconforter les blessés. Ceux-ci dormaient pour la plupart. Puis il demanda à l'amiral des nouvelles des deux cargos.

– Nous les accompagnerons jusqu'à l'entrée de la mer Rouge. Vous devriez aller prendre une douche et enlever votre maquillage qui vous donne mauvaise mine, ajouta-t-il en souriant. Il sera temps après de prendre des dispositions pour votre retour.

– Merci monsieur. J'avoue que je meurs de fatigue. Quelques heures de sommeil seront les bienvenues.

– Dix heures, ça vous laisse cinq heures de repos, ça vous va ?

– Ça me va. Merci monsieur.

Samuel s'allongea sur sa couchette tout habillé. Il n'avait même pas pris le temps de se doucher. Il sombra immédiatement dans un profond sommeil. À dix heures sonnantes, le lieutenant Berg le réveilla, un thermos de café à la main.

– J'ai pensé qu'un petit-déjeuner au lit vous ferait plaisir.

Les yeux encore embués de sommeil, Samuel se jeta goulûment sur le café. Assis sur le bord de son lit, sale, le visage toujours enduit de suie, il regardait Berg parfaitement sanglé dans un treillis propre, rasé de près et pour une fois souriant, laissant de côté le protocole tout en s'appuyant sur une béquille.

– Comment va votre blessure ?

– Ça va aller.

– Les hommes ?

– Prêts à rentrer à la maison. Le commandant du cargo est à bord et demande à vous voir.

– Le temps de prendre une douche et je le reçois.

Une demi-heure plus tard Samuel se trouvait face à Éric Lambert. Ce dernier n'avait rien du loup de mer tel qu'on pouvait se l'imaginer. Il était grand avec une légère voussure qui le faisait ressembler à un oiseau de proie prêt à fondre sur sa victime. Ses yeux bleus, perçants et glacés le fixaient sans sourciller.

– Bien votre feu d'artifice de cette nuit, dit Samuel espérant ainsi amener un sourire qui ne vint pas.

– Merci d'avoir apprécié. Je suis venu chercher mes instructions.

– Tous les colis sont à votre bord ?

– Tous, sans exception. Vous avez eu du dégât ?

Samuel lui raconta. L'homme s'humanisa. Son visage se fit douloureux à l'évocation des morts et des blessés. Il demanda la permission de s'asseoir, se courba sur son siège et posa ses mains sur son visage.

– Mon Dieu, quel gâchis, finit-il par murmurer. Vous avez dû en baver !

– Un peu.

Ils se regardèrent quelques instants en silence.

– Éric, vous permettez que je vous appelle ainsi? Puis sans attendre la réponse, Samuel poursuivit. Êtes-vous prêt à partir pour Israël?

– Immédiatement. Je n'attends que vos instructions.

– Écoutez-moi bien. L'enveloppe que voici contient, tous les documents concernant votre route. Votre première destination est la mer Rouge. Vous traverserez le canal de Suez. À la sortie une vedette de la marine de guerre israélienne vous escortera jusqu'à Tel-Aviv ou vous serez attendu.

– Comment passerai-je le canal?

– Ouvrez l'enveloppe. Elle contient toutes les autorisations nécessaires plus une petite enveloppe. Arrangez-vous pour vous présenter un mardi entre quatorze et dix-huit heures. Présentez vos documents à un dénommé Ahmed et donnez-lui la petite enveloppe.

– Qu'y a-t-il dedans?

– Ouvrez-la.

– Des dollars?

– Oui. Dix mille. C'est votre visa pour passer. Ahmed tamponnera les papiers sans vérifier votre chargement.

– Ça marche à tous les coups?

– Oui. Jusqu'à présent.

– Et si non?

– Vous passerez quelques années en taule et nous vous fournirons un bon avocat.

– Payé en dollars?

– Que voulez-vous Éric, tout à un prix. Enfin presque tout.

– Quelle est la nature du chargement ?

– Vous n'avez pas besoin de le savoir. Secret d'état. Je serai sur le quai du port militaire à vous attendre. D'autres questions ?

– Non.

– C'est bon. Maintenant partez au plus tôt. Vous êtes attendu au pays.

Samuel convoqua le lieutenant Berg dans sa cabine.

– Les hommes sont-ils prêts à partir ?

– Affirmatif.

– Allons voir l'amiral.

Le pacha se tenait sur la passerelle de commandement et vint à leur rencontre.

– J'espère que vous avez pu vous reposer. Les hélicoptères sont sur l'aire de départ. Quand voulez-vous décoller ?

– Dès que possible.

– Un instant.

Il donna l'ordre à son second de se mettre en rapport avec l'appareil qui devait les prendre à Bosaso en Somalie. La communication fut immédiatement établie. Le pilote n'attendait que le signal et proposa d'être sur place pour seize heures, ce qui fut accepté. Le rendez-vous était pris. Samuel demanda au pacha l'autorisation de se retirer. Il souhaitait rendre visite aux blessés. L'infirmerie avait la taille d'un hôpital, elle était équipée d'appareils à la pointe des techniques actuelles. Accompagné de Berg, Samuel s'approcha des hommes du commando. Ils étaient neuf, dont deux en soins intensifs. S.Y. écouta attentivement le rapport que lui faisait le médecin chef sur l'état de santé des blessés.

– Cinq sont définitivement hors de danger et peuvent, sans aucune restriction, supporter le voyage de retour. Pour deux autres je préférais, si vous n'y voyez pas d'objection, les garder encore deux ou trois jours. Ce serait plus sage. Ne vous inquiétez pas, on vous les renverra plus tard. Quant aux deux derniers je dois réserver mon pronostic. Je ne vous cache pas qu'ils sont dans un état très grave.

– Mais encore ?

– Nous avons amputé d'une jambe l'un des deux hommes. Sa vie ne semble pas être en danger, en revanche son équilibre psychologique, lui, l'est. C'est l'état du second qui me préoccupe le plus. Je ne peux pas vous en dire davantage, sinon vous demander de prier. Je suppose que vous voulez également des nouvelles de vos ennemis.

– Bien sûr.

– Ils s'en tireront. Leurs blessures sont plus spectaculaires que graves.

– C'est mieux ainsi. Il y a eu assez de morts.

Berg était au chevet de ses hommes. Samuel s'éclipsa.

Les trois hélicoptères étaient sur le chemin du retour. À leur bord, quatre cercueils, cinq blessés et les rescapés de l'opération David. Sur la piste improvisée de Bosaso l'avion de l'US Air Force les attendait. Le transbordement fut rapidement effectué. Samuel monta le dernier. Il eut la surprise de voir aux commandes le pilote qui les avait amenés au départ.

– C'est vous. Je croyais que vous ne vouliez pas refaire ce genre d'atterrissage. Vous y prenez goût.

– Vous m'aviez promis un verre. Je me suis porté volontaire pour cette mission. J'aime qu'on tienne ses promesses. Je ne connais même pas votre nom.

– Samuel.

– Moi, c'est Simon.

– Merci Simon.

– Pas de quoi Samuel. Accrochez vos ceintures, gueula-t-il, on va décoller. En route pour le pays.

Moshé les attendait à l'aéroport militaire, accompagné du commandant Ariel Stern. Personne d'autre. Ce fut une arrivée discrète. Les hommes sortirent les premiers et formèrent une haie d'honneur lorsqu'on descendit les cercueils que l'on déposa à même le sol. Puis on installa les blessés sur des chaises roulantes. Deux hommes recouvrirent les cercueils du drapeau israélien. Moshé et Stern s'approchèrent. Ce dernier récita le *Kaddich*. Les hommes pointèrent leurs armes vers le ciel et tirèrent une salve d'honneur. L'opération David était terminée. Lorsque Samuel releva la tête il pleurait et, à travers son regard embué de larmes il vit, au loin, la silhouette d'un nain bossu et tout difforme qui le regardait.

Simon s'approcha.

– Viens Samuel, j'ai ma voiture.

– C'est moi qui t'offre un verre.

Dix jours plus tard, le 20 mars, les Américains investissaient l'Irak. Le cargo chargé d'armes venait de traverser le canal de Suez. Il naviguait en direction de Tel-Aviv. Les missiles ne seraient jamais pointés sur Israël.

On n'a jamais su si les médias avaient eu vent de cette affaire ou si certains journalistes d'investigation avaient eu des informations. C'était comme si une chape de plomb s'était abattue, paralysant toutes fuites. Toujours est-il que pas une ligne dans les journaux, pas un écho radiodiffusé, encore moins d'image télé, ne vint troubler la quiétude des gouvernements concernés. Comme si des instructions très précises et autoritaires avaient été donné aux médias...

Achevé d'imprimer en octobre 2004
sur les presses de l'imprimerie Hérissey à Évreux (Eure)
N° d'imprimeur : 97752
Dépôt légal : octobre 2004
Imprimé en France